数字时代的新营销人才培养模式与教学改革实践

范　钧　顾春梅　楼天阳　等　主编

浙江工商大学出版社
ZHEJIANG GONGSHANG UNIVERSITY PRESS
·杭州·

图书在版编目(CIP)数据

数字时代的新营销人才培养模式与教学改革实践 / 范钧等主编. — 杭州：浙江工商大学出版社，2021.5 (2022.10 重印)

ISBN 978-7-5178-4487-7

Ⅰ. ①数… Ⅱ. ①范… Ⅲ. ①市场营销学－人才培养－培养模式－研究－高等学校②市场营销学－教学改革－研究－高等学校 Ⅳ. ①F713.50

中国版本图书馆 CIP 数据核字(2021)第 082549 号

数字时代的新营销人才培养模式与教学改革实践
SHUZI SHIDAI DE XIN YINGXIAO RENCAI PEIYANG MOSHI YU JIAOXUE GAIGE SHIJIAN
范　钧　顾春梅　楼天阳 等 主编

责任编辑	张　玲
封面设计	尚阅文化
责任印制	包建辉
出版发行	浙江工商大学出版社
	(杭州市教工路 198 号　邮政编码 310012)
	(E-mail:zjgsupress@163.com)
	(网址:http://www.zjgsupress.com)
	电话:0571－88904970,88831806(传真)
排　版	杭州朝曦图文设计有限公司
印　刷	浙江全能工艺美术印刷有限公司
开　本	710mm×1000mm　1/16
印　张	11.5
字　数	177 千
版 印 次	2021 年 5 月第 1 版　2022 年 10 月第 2 次印刷
书　号	ISBN 978-7-5178-4487-7
定　价	48.00 元

前　言

以 A（AI人工智能）、B（Big Data 大数据）、C（Cloud 云计算）为主要特征的技术变化把传统的营销活动带入数字化时代，数字化营销实践突飞猛进的变化对未来新营销人才提出更为迫切的现实要求。面对巨大的时代环境变化，浙江工商大学市场营销专业在继承传统营销知识基础上，依托学校"大商科"交叉融合优势，致力于培养国内一流、引领浙江、面向未来智慧商务世界的"数字营销人才"，并从培养模式、课程改革和课堂教学三个层面主动求变，探索和实践了数字时代营销精英的培养模式。具体而言，主要有以未来互联网商业生态对营销人才的需求为突破口，推动"营销专业数字型人才培养"，如互联网运营人才、社交媒体官、平台产品经理等；以"互联网＋"手段构建数字化课程教学模式，培养方案中大量增设以大数据营销为方向的数字化系列营销课程；凝练特色营销金课，构建营销金课矩阵，围绕"两性一度"，打造系列金课课程，特别是在营销伦理等课程内容中加强思政建设的特色营销金课；围绕产教融合搭建人才培养平台，拓展实习基地，与企业共同研发的数字营销系列课程；大数据营销课程以及实务精英进课堂系列课程。

本书是浙江工商大学市场营销专业教师在教学实践中对数字时代新营销人才培养模式、专业课程设计、教学内容及教学方式改革探索和实践的成果，充分体现了数字时代新营销专业人才培养模式的创新。自 1992 年浙江工商大学市场营销专业设立以来，该专业在建设过程中一直注重创新发展，2006 年成为校级重点专业，2009 年成为省级重点专业，2013 年成为浙江省"十二五"优势专业，2017 年成为浙江省"十三五"优势专业，2019 年成为国家"一流"建设专业。从 2016 年起，该专业提出数字化营销专业人才的培养方向，并围绕这一目标重新调整课程体系和改革教学设计。本书是对过去若干年特别是"十三五"时期，浙江工商大学市场营销专业全体教师在数字营销教学改革领域的总结和回顾，同时也是对未来新营销人才培养模式的探索和思考。本书在理论上对数字时代新营销人才培养问题进行研究，具有积极的促进作用,对后续研究也有一定的参考价值;在实践上为高等院校如何培养能够满足未来社会需求的新市场营销人才,提供了一定的思路借鉴和理论指导。

本书一共分为三大模块:第一部分为数字时代营销教学创新,第二部分为营销专业课程改革实践,第三部分为新营销人才培养模式探索。数字时代营销教学创新模块主要包括:《大数据背景下本科教学质量过程控制》《互联网商业生态环境下商科专业课程多元协同教学模式研究》《直播教学的课堂特征、教学能力及活动设计》《商科课堂仿真实践中互动式教学法效果评估模型构建》《"互联网+教育"背景下高校在线开放课程建设的制约因素与发展对策》等内容。营销专业课程改革实践模块主要包括:《融合创新视角下专业硕士研究生思政教育模式探索》《基于创业生态系统视角的高校创业教育探索:理念变革、模型构建与实施路径》《数字新媒体时代广告学课程教学困境与改革思考》《大数据时代下营销工程课程教学改革思考》《基于辩论式教学的翻转课堂:课堂活动设计与案例分析》《基于PBL模式的营销策划教学实践》《基于传统文化的营销职业道德课程设计》等内容。新营销人才培养模式探索模块主要包括:《基于协同创新的高层次商贸人才培养路径研究》《基于数字化营销能力的营销专业人才培养模式研究》《普通高校研究生培养问题与对策研究——以经管类研究生为例》《高校学生持续使用移动学习App行为研究构想》《高校与技术创新》《通识课选课动机与学习成效相关性研究——基于调节定向理论的分析》等内容。

本书汇聚了浙江工商大学市场营销专业全体教师在国家"一流"专业及浙江省"十二五""十三五"优势专业建设期间的部分教学研究成果。这些成果大多以论文形式公开发表在国内核心学术期刊上,本次整理成书时进行了一定的扩充、修改和完善。本书的完成要感谢浙江工商大学工商管理学院市场营销系乜标、吕筱萍、顾春梅、范钧、易开刚、袁安府、李颖灏、楼天阳、侯旻、宋金柱、郑兵、许翀寰、王雅娟、左金水、鲁敏、王丹萍等老师,本书取得的相关研究成果得益于市场营销系全体老师的共同努力。感谢教育部,浙江省教育厅,浙江工商大学和工商管理学院对市场营销专业建设的大力支持,同时也要感谢浙江工商大学出版社为本书出版所付出的辛勤劳动。

作　者
2020 年 11 月

目录

第三部分　新营销人才培养模式探索

第一部分　数字时代营销教学创新

SHUZI SHIDAI YINGXIAO JIAOXUE CHUANGXIN

大数据背景下本科教学质量过程控制

吕筱萍 陈莉莎

摘 要: 教学是高校的中心工作,教学质量是高校的"生命线",规模与质量协调发展才是新时期高等教育持续发展的理性选择,提高和保障教学过程的质量是各大高校共同关注的焦点。为此,我校在"全面、协调、可持续发展"科学发展观的指导下,以全面质量管理为理论基础,结合高校教学过程运行规律和浙江工商大学教学质量管理的优秀传统,构建具有浙江工商大学特色的教学过程质量保障体系。

关键词: 教学质量管理;教学质量保障体系;大数据;优化策略

一、教学过程质量保障体系的目标、特征及原则

教学过程质量保障体系是以整个教学质量保障体系为组织基础,以追求发展、进步的校园文化为价值取向,在社会力量的支持、兄弟院校的协作下,内外结合,上下一体,全面保障教学质量的组织管理系统,是现代化教学评价手段经常化、系统化与体制化运用的结果。教学过程质量保障体系的基本目标是:第一,要保证高等教育满足国家的基本要求;第二,要符合学校的定位与培养目标;第三,学生的培养要反映出学校的特色,走专业化与特色化结合的道路;第四,要增强学校主动适应环境变化的能力,促进内外资源的合理利用,尤其是学校自身资源与社会资源的配合使用,不断改进和提高学生培养活动的效果。这是教学过程质量管理的首要任务,也是其他层次教学质量保障活动的基础。

需要注意的是,教学过程质量与一般产品质量相比,有其自身的特点,是一个模糊结构的系统概念。首先,教学过程质量的标准是动态发展的,教学效果显现延时滞后;其次,教学过程的质量指标难以精确量化,往往要通过纵横方向的比较才能确定。这就决定了高校教学过程质量保障体系的构建具有以下特点:(1)高校教学过程质量保障体系的建立必须充分考虑高校教学活动的特点和高校教师及管理人员的心理承受程度,必须与高校特有的组织体系和制度体系相融合,而不能简单套用企业的质量管理模式;(2)必须将教学活动的全过程、各主要环节及相关的资源作为过程进行管理,并实施制度化、流程化、周期化运作,使之连续不断,形成长效管理;(3)质量保障体系的主体是人,在高校,教学质量保障应突出专家教授的主体地位,同时重视全员质量意识的培养提升,必须重视技术、管理、人员三方面因素的有机结合,重视学生、教师、管理人员的全面协同;(4)高校教学活动的至善追求与创造特性决定了监控不是目的,监控必须与保障、改进密切结合、相得益彰,通过加强保障与监控,促进过程优化,达到持续改善质量的目的。

教学过程质量保障体系的独特特征决定了其在构建过程中需要遵循以下四大原则:第一,系统性原则。教学质量保障体系所包含的要素众多,各要素之间关系紧密且复杂,因此需要系统、全面地对这些因素进行有效的协调和控制,从而使各个因素之间相互联系,形成一个高效运行的有机整体。第二,科学性原则。教学过程质量保障体系本质上是一个管理体系,因此需要以相关的管理理论为基础对其进行科学、合理的思考。第三,目标性原则。高效的教学过程质量保障体系需要以明确的目标为基础,并基于目标确定体系过程的管理、评价以及评价反馈机制等内容。第四,可持续性原则。教学过程是一个连续、动态、持久的周期性过程,所以需要注意到教学过程中不同时期、不同阶段、不同环节之间的关系,使这些要素和关系在教学过程质量保障体系中以良性的状态进行循环。

二、教学过程质量保障体系的运行机理

教学过程是一个复杂的系统,它由教学目标输入、教学管理、教学结果输出三大部分组成,一共包括十大环节(见图1)。各个环节之间上下衔接、

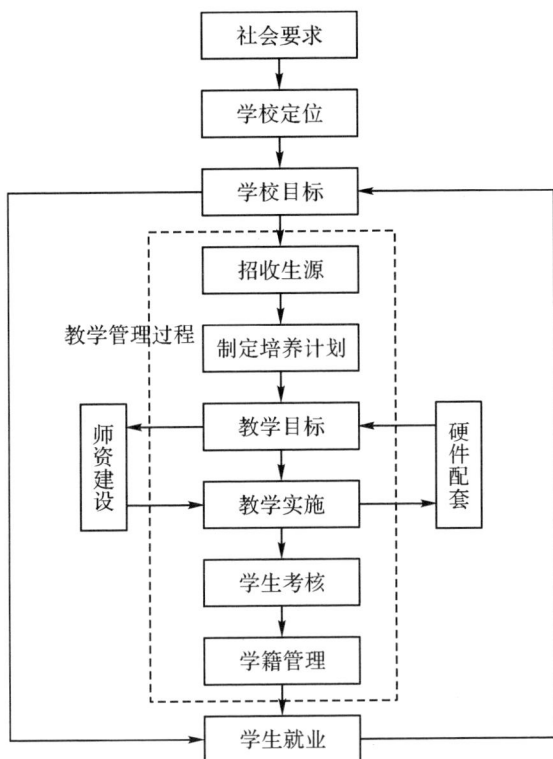

图1 教学过程体系

相互协调,形成一个有机联系的闭环系统,对整个教学工作进行统筹控制。(1)输入部分,学校要进行充分的市场调查,广泛地收集信息,了解社会对人才需求的特点,结合学校的自身优势与传统特色,明确学校的定位,在此基础上提出学校人才培养的目标。(2)在学校目标的指导下,开展教学管理,首先是招收生源,针对不同的学科特点制定学生的培养计划,形成教学目标,进入具体的教学实施阶段,然后通过考试、自评等方式对学生的学习情况进行考核,将考核的结果作为学籍管理的一个重要依据。在教学管理过程中还必须注意软硬件的配套,一方面是师资力量的建设,另一方面是教学基础设施和设备的完善,这对教学质量有着重大影响。(3)学生的就业即是整个教学过程的结果输出阶段,学生最终能否被社会所接受以及接受的程度如何是检验教学成败的试金石。学校可以从学生的就业情况中了解社会对人才的要求和对学校的评价,从而对培养目标进行相应调整,以满足社会的要求。每一个环节都对最终的教学质量产生制约和影响,因此,教学质量的保障必须深入到每一个部分、每一个环节,层层加以控制,才能实现预定的目标。

在明确了教学过程的体系之后,接下来必须明确教学质量保障体系的运行原理。根据 PDCA 质量管理工作循环,可以建立流程控制图(见图 2)。第一是计划阶段(Plan),根据学校的培养目标,一方面确定教学质量的标准和制度,它是衡量教学质量的尺度,也是学校进行教学活动和管理工作的依据;另一方面是确定教学计划。第二是执行阶段(Do),实施教学计划,考评教学结果,收集教学信息。第三是评估阶段(Check),将收集的信息与质量标准进行比较、评估,如果满足标准的要求,则返回到教学环节,进入下一个

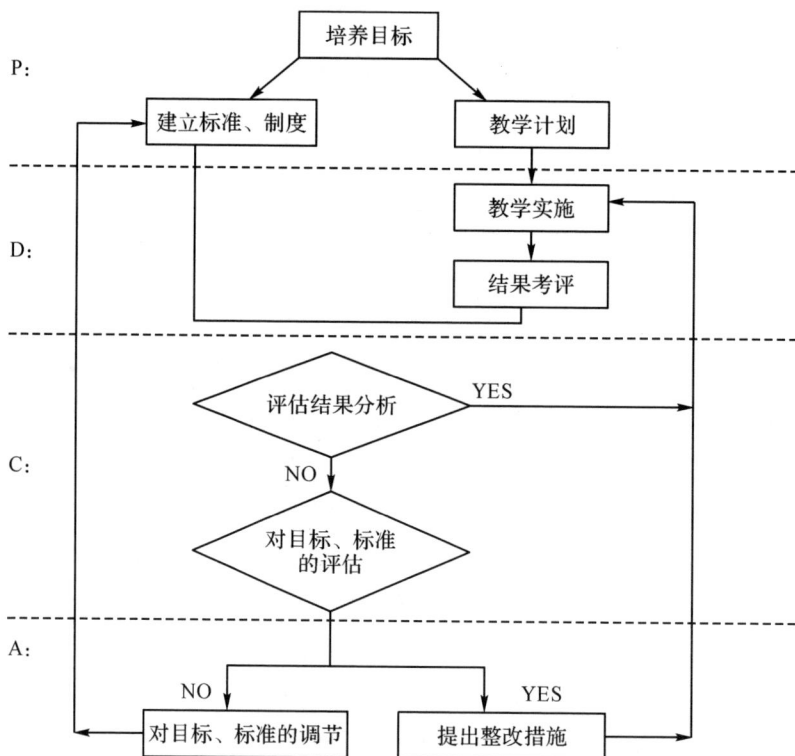

图 2 教学过程质量保障体系流程

阶段的循环;如果与标准不符,则需要进一步对培养目标和教学标准的适用性进行评估。第四是处理阶段(Action),如果培养目标和标准是适用的,说明问题在于教学实施不力,需要提出整改措施,加强教学环节的控制;如果目标和标准不适用,则应该进行相应的调节以更好地反映教学实际。整个教学过程的质量保障运行构成一个大的质量循环,而其中每一个环节又有各自的 PDCA 循环,大环套小环、小环保大环,环环相扣,推动整个教学过程质量保障体系的运转。整个流程循环一周,就表示教学质量提高一步。

三、教学过程质量保障体系的结构

建立和完善教学过程质量管理组织体系是提高教学质量的必备前提。现从制约和影响教学质量的诸多因素着手,可把教学过程质量保障体系划分为三个子系统,即教学质量管理系统、教学质量评估系统和教学质量信息系统(见图 3)。

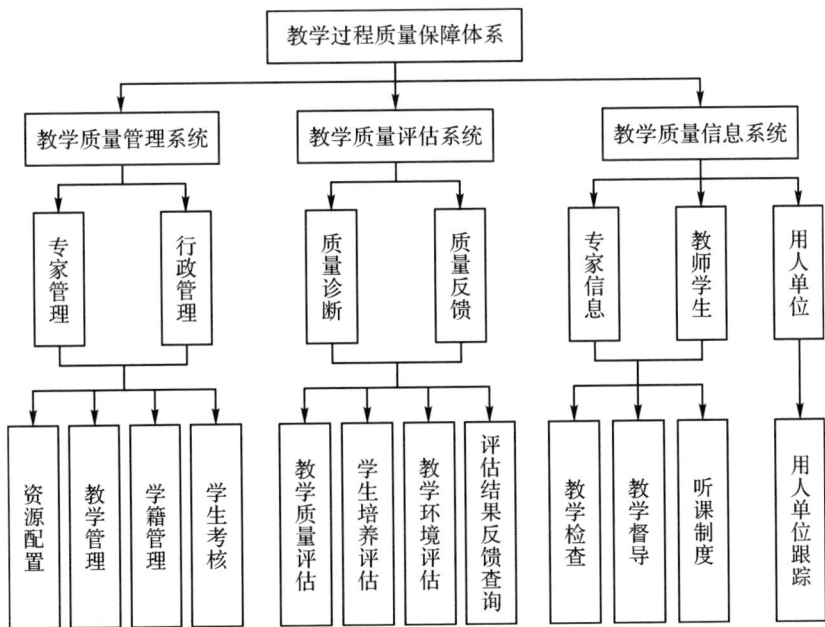

图 3　教学过程质量保障体系的结构

（一）教学质量管理系统

该系统在教学过程质量保障体系中具有统领作用与组织作用,既是教学过程质量保障的决策系统,又是组织和执行系统。这个系统具体负责学校的招生、教师的选聘、硬件资源的配备、学生的培养与考核等管理工作。按照教学学术权力之间的合理关系,该系统可分为两个子系统。一个是专家管理子系统,它是一个校内教学的决策系统,凡是面向全校的教改措施的制定与审批都由该系统完成。它充分考虑了"学术权力主导"的原则,使教学质量管理能由表及里,抓住核心,深入其内,同时为教学管理的"行政权力"减负。该系统还要对教学评估系统与教学信息反馈系统传输的结果与信息进行研究,并依此制定种种改进和提高措施。另一个是行政管理子系统。教学行政管理系统由主管校长、教务处、学生办公室和各院系领导组成,具体负责学校的教、学、评、管等工作,是与专家管理子系统并列的组织、执行、监督与控制系统。它围绕教学质量管理所承担的工作职能如下:第一,是学校贯彻执行教学行政管理的基础,是提高教学质量的基础,保证了教学行政管理的规范、有序;第二,实施专家管理系统研究、制定的教学质量提高与改进的措施;第三,以教学管理科为枢纽的行政管理系统除了自身参与教学质量信息收集外,还要及时获取来自教学质量评估系统与信息反馈系统的信息,对其加以整合,与专家管理系统中的教学委员会一起研究信息,并据此制定出下一步改革或改进的措施,以及监督新的质量改进措施的落实情况;第四,监督、检查教学质量改进措施在系部的具体落实情况。

（二）教学质量评估系统

教学质量评估是一项实践性很强的工作。要做好这项工作,不仅要有科学、系统的评估指标体系和严格规范的评估程序,还必须建立相对独立的教学评估机构,并赋予它一定的教学评估职能和独立行使教学评估的权利。教学质量评估系统包括两个子系统——教学质量诊断系统和教学质量反馈系统。(1)教学质量诊断系统承担了评价与诊断的任务,还包括整个信息处理完毕后对结果的分析工作,是进行教学评价的重要环节之一。其目的是帮助教师改进教学,促进学生、教师和管理人员围绕学校的办学目标和教学要求建立更为密切的关系。评估诊断工作有四种方式——专家诊断、教师与学生双向评估、领导评估和外部评估。四种评估方法各有侧重,互相补充,应当对照评估指标体系,组成不同的评估主体及活动的有机整体,从而使评估方法最优化、科学化。教学质量评估从内容上看可以分为三大块——教师教学评估、学生培养评估和教学环境评估。教师教学评估内容包括课堂教学、课外指导、实践教学与考试四个方面,学生培养评估内容由学校目标、培养模式、专业选择、课程选择、素质评价、就业、社会的满意度等组成,教学环境评估内容则主要包括学校为教师和学生提供的教学和科研设施(见图 4)。(2)教学质量反馈系统是把教学质量信息诊断和评估后的结果反馈给被评估者,目的是帮助他们改进和提高。这个子系统可以通过建立网上三级查询系统来完成。教学质量的评估结果发布在专门的网页上,不同职务的人员被给予不同的查询权限:校长可以查询全校教师的评估结果,各二级学院院长可查询本院全体教师的评估结果,教师本人只能看自己的评估结果。这种方式也是对教师"隐私"的保护。教师看到学生或专家对自己的评价,就可以去分析怎么提高,如何改进。

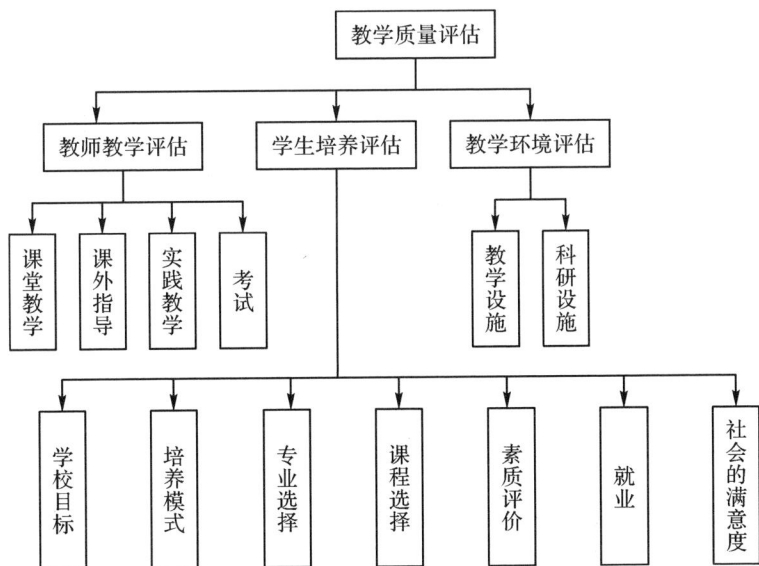

图 4　教学质量评估系统

(三)教学质量信息系统

要切实保障教学质量必须多方收集信息,了解教与学双方的情况;了解社会用人单位对高校毕业生的质量评估、从事专业实际工作的适应能力、对今后高校人才培养的要求以及改革教学的建议。根据这几个方面的要求,校内教学质量信息反馈系统可以分为三部分,即专家信息系统、学生教师信息系统和用人单位反馈系统,具体负责教学检查、教学督导、干部教师听课和用人单位跟踪等工作。(1)专家信息系统应由学术造诣精深、教学效果出色、热心学校教学质量管理的教授组成。可以适当多吸收一些退休老教授,并且应注意不同学科之间的互补。专家信息系统既拥有学校规章中所赋予的制度性权威,又拥有学术上的专家性权威,故能充分保证其职能在教学实践中的全面实现。他们的主要职责是通过随堂听课和召开座谈会等方式对学校教学全过程进行监督和检查,及时发现问题并提出改进意见和建议。(2)学生教师信息系统由学校内的教师和学生组成,是一个自主的信息系统,主要通过设立院长热线、意见箱、特殊信息通道等方式完成。该系统的有效运行必须充分调动广大教师员工和学生的积极性,因此,可以适当建立一些奖励机制以激励他们的热情。(3)用人单位反馈系统主要负责从用人单位处收集学院毕业生的质量评价、社会对人才的培养诉求及他们对学校教学的建议。这可以通过向用人单位发放毕业生跟踪调查表、与用人单位人事部门召开座谈会的方式进行。

四、建立教学过程质量保障体系的关键点

为保障高校教学质量管理工作得以高效推进,因此在建立教学质量保障体系的过程中要着重关注以下两个方面的关键点。

其一,教学过程质量保障体系的构建必须体现以人为本的思想。教育作为培养人的社会活动,更应该体现"以人为本"的思想。教学过程质量保障体系的发展和完善,更迫切需要顺应时代的要求,体现人文精神,把"以人为本"的思想作为重要指导思想。在具体工作中表现为:(1)转变观念,正确处理好监控与激励的关系,牢固确立以激励导向为主体的人本主义思想。

监控手段与激励导向作为教学质量保障体系中的两个方面,是一种对立统一的关系:一方面,两者从内涵上和机理上是相互对立的,但在功能上并不排斥;另一方面,两者又统一在共同的质量保证和学生培养目标之中。在理念上应当将激励导向上升到教学质量保障体系的主导地位,监控手段作为补充,发挥其不可替代的作用。(2)淡化评估的鉴定性和评比性功能,强化过程性和反馈性功能,努力使"他监控"内化为"自监控"。评估的目的是既要证明,又要改进,但侧重点更应放在满足教师提高需求的改进上。注意营造和保持一种相对宽松的评价氛围,使评比性结果与行政奖惩保持适当的距离,减少考核指标的刚度,以鼓励教师的个性化发展,更多地用专家意见来说明问题。(3)在教学管理工作中要注意树立平等的意识,树立与教师的平等关系,树立与学生的平等关系。树立"服务"的意识,树立为教师服务的意识,树立为学生"服务"的意识,紧紧围绕高等教育"以教学为中心"这一目标,不断提高教育教学质量。

其二,教学过程质量保障按照全面质量管理理论的要求,是全体师生员工参与、全过程监控、全校一心,全社会推动的过程。首先,它需要全校师生员工的参与。教学质量的优劣,决定于全校人员对教学质量的认识和与此有密切关系的所有部门和人员。教学过程质量保障的成功,只有通过全体成员自觉努力才能实现。因此,要提高和保障教学质量,必须首先提高全体师生员工的教学质量意识,建立学院独特的教学质量文化。这是建立与完善学校教学质量保障体系的重要内容之一,是学校教学质量保障体系的灵魂。只有全体成员不断提高质量意识,树立质量求生存、求发展的共同信守的价值观念,自觉地为提高质量而努力工作,才有可能实现保障教学质量的目标。其次,教学过程质量保障的顺利实施需要学校上层领导、中层干部、基层干事的集体协作,每个管理层次都有明确的活动内容且各有侧重。上层领导范围侧重质量决策,制定质量标准、教学政策和教学计划;中层干部侧重贯彻落实上层领导的决策,保证教学质量保障目标的实现,并对基层工作进行具体管理;基层干事则要严格地按照标准、教学计划进行教学活动,结合本职工作,开展合理化建议和教学质量小组活动,不断进行教学改善。

五、教学过程质量保障体系的建设现状与优化策略

(一)教学过程质量保障体系的建设现状

目前,教学过程质量保障体系在构建和实施过程中存在一定的欠缺和不足,具体表现在以下四个方面。

1.教学质量评估标准有待完善

教学质量标准在教学质量保障体系中占据着重要位置,合理的质量标准是对教学质量进行有效监控与评估的优良手段。然而,在具体实施过程中,教学质量标准的相应运行与落实涉及面广泛且具有殊异性,受到诸如教学目标、高校类型等差异因素的影响。例如,在对教学类型的划分上,有高校以教学属性为基础,可将高校教学划分为实验教学、实践教学与课堂教学三种类型;也有高校基于教学内容,将高校教学划分为实践教学与理论教学。在不同的划分方式下,教学质量的标准也各有区别。在这种教学标准相差悬殊的情况下,教学标准的混乱问题将会严重阻碍和限制教学质量评估作用的发挥,最终将影响教学质量保障体系的时效性。除此之外,目前的教学质量评估标准缺乏多样性与立体性。具体表现在,高校质量评估标准与相应高校的教学发展水平和高校教学目标不相符合,缺乏应有的创新意识和革新理念,从而导致教学质量评估标准落后于学校的教学发展水准,致使高校教学质量评估标准逐渐步向庸俗化和模式化,最终限制教学质量保障体系的革新与完善。最后,大部分高校教学质量保障体系还存在着评估标准使用"一刀切"的问题,即将统一的评估标准运用到不同群体上,并未根据不同评估主体的特殊性进行具有针对性的差异化评估标准。这使得高校教学质量评估的结果缺乏科学性与严谨性,让获得的统计数据与教学信息无法得到专业的保障,限制了教学质量的改善与提升。

2.教学质量评估方法单一

目前,高等院校教学质量评估方法欠缺丰富性和多样性,过于单一化和平面化,致使评估方法综合性能缺失。在对现阶段大部分高校教学监督评估方法进行研究时,我们发现大部分高校在监督评估教学质量工作过程中

热衷于以量化评估指标体系作为主要的教学质量评估与评估方法。量化评估指标体系作为一种科学的评估体系方法,既有其长处,也存在不足。然而,高校在教学质量评估过程中,只关注定量评估的优势,并过度倚重这一方法,忽视了其他评估方法,如定性评估在评估体系中的独特作用。这种情况的出现,将大概率引发关于高等院校教学质量绩效评估与水平评估的失衡问题,进而削弱监督工作的实效性,对教学质量的保障产生严重影响。

3.教学质量保障队伍建设不足

随着社会的发展,高等教育也在普及与进步,高素质人才不断涌现。高校教师队伍的建设也伴随着人才的广泛引进得到了相当程度的提升。依托大环境的改善,在职称构成、教师年龄结构、教学学历等层面,我国现阶段在高校教学质量保障方面的专业管理队伍有着较合理的构成。但是在实际的教学质量监督管理工作中依然存在着不少问题与缺陷。例如,在教学信息反馈效率方面,承载信息沟通职能的反馈系统无法畅通有效地运行,从而导致教学反馈问题的层出不穷。具体表现为,各个级别的教学质量管理工作人员互相沟通的阻隔,这种明显的沟通不畅现象使得反馈系统无法顺利地运转,使信息反馈的有效性受到明显的削弱。细究这一问题产生的缘由主要包括以下几个方面:首先是从事基层管理工作的教学秘书工作失职,其无法对各类教学信息进行准确、及时、高效率的反馈,这使得反馈系统在基础单元的部分就受到阻碍;其次,部分教学秘书人员缺乏对教学管理工作的责任感,对教学管理工作中的分内之事缺少担当意识;最后,相关岗位职责分工不明确,并且对其中模糊的部分相互推诿。对这些问题产生的原因进行细梳深究,可以看出,现阶段之所以会出现高校教学质量保障落实的有效性问题,主要原因在于高校教学管理在实施阶段存在着管理团队观念落后、理论水平低下、具体人员定位职责不明、责任落实不到位、制度体系欠缺等问题。

4.学生中心地位缺失

观察现阶段我国大部分高校的办学定位和教学目标,其主要是致力于培养高质量、高素质的人才,进而满足社会经济发展过程中对人力资源的渴求。由此看来,大部分高校的办学目标与教学工作有着鲜明的市场导向性。但是,在现实的教学质量管理实践中,高校将目光聚焦于办学定位与市场导向,缺少对学生个体的关注和重视。在每一年的官方公告中,高校一再强调要在人才培养方案中坚持学生的个性培养与统一要求相结合的原则,但在具体的落实层面,并不尽如人意。现阶段高校在针对学生自我发展方面的工作上,主要给予学生对选修课的自主选择权,帮助学生能按照自己兴趣自主选择知识的学习。但是,在具体实施过程中却存在部分问题:一方面,在众多教师和学生的心目中,选修课只是修满学分的辅助课程,上选修课也仅仅是"走过场",在思想上对其具有一定程度的偏见;另一方面,这一方式受到多种条件的制约,例如高校提供的选修课质量与数量有所欠缺、网络资源利用率不足、学校图书馆学术资源匮乏等。这都体现了高校在教学质量体系建设过程中对学生自我发展需求重视力度的忽视,亟须改善。

(二)教学过程质量保障体系的优化策略

为解决上面提及的教学过程质量保障体系的问题,现提出以下四条优化策略。

1. 优化教学质量评估标准

教学质量评估标准的优化是完善新时代教学质量保障体系的应有之义。具体的优化举措包括以下两个方面:第一,突破传统的单一化的教学模型,制定个性化教学质量标准。高校需要根据高校类型、师资力量、办学定位、教学资源等方面的差异,对单一化的教学模型进行个性化、多样化的改进和提升。通过对现代化教育渠道与教学手段的多方面汲取应用,突破传统教学质量评估模式的单一性,积极引进先进的教学评价经验与理念,并进行有效的借鉴与吸收,在依据高校本身教育优势与教学特色基础上,对教学质量标准进行科学定位与个性化定制,使其能够充分满足高校的具体发展需求。同时需要以教育创新与教学特色为立身根本,不断完善提高教学质量水平,在高等教育竞争市场中增强其核心优势,为之后高校的可持续发展提供相应保障。第二,突破传统的质量评估标准,转变思维,打破局限性,建立一套高效率的、具有针对性的多元主体评估体系。具体而言,在实际建设运行中,高校需要根据具体教学情况与评价主体需求,生成一张具有针对性的系统评估用表,并充分考虑到不同学科的独特性,针对不同学科特点改善教学评价内容,使得个性化穿插在教学质量评估标准体系之中,促进教学特色的不同学科化,帮助教学质量标准在具体实施过程中有效运行。在制定教学质量标准方案时,需要结合其他学科的知识,比如心理学、教育心理学等,让基于科学的细化区分贯穿在教学质量评估指标和评估标准制定过程的始终,从而使得评估体系更趋人性化,更具有针对性,让评估最终结果更为准确、科学。

2. 构建完善的教学质量评估方法

教育教学作为一个复杂多面的动态统一体,其存在着鲜明的针对性与复杂性。因此,如果一味地采用单一平板的教学评价方法,将导致教育教学内容无法得到应有的覆盖,并使教学内容的丰富性被掩盖埋没。为解决这一问题,高校需要运用综合性的评估方法,对教学质量进行全面充实的判断与评估。为实现上述目标,高校需要以全面、系统的视角构建教学质量评估方式,并着重考虑教学质量评估方法的多样性,综合定性、定量两种不同评价方法,使其形成优势互补,针对评价内容,合理运用层次分析法、德尔菲法与加权平均法等,构建一套高质量、高水平、一体化的高校教学质量评估体系,实现高校教学质量保障体系的多元化建构,从而提高教学质量的最后评估效果。

3. 完善高校教学管理队伍建设

为完善新时代教学质量保障体系的建设工程,需要解决教学管理队伍水平落后、管理机制不足等问题。首先,高校需要对教学管理人员进行专业化教育,有效引导并转变相关人员的落后管理观念,并在日常的教学管理中树立正确的认知,使其意识到教学管理在高校教学质量提高上的重要价值与作用。为了实现上述目标,高校需要在书面教育与宣传教育两方面加强管理人员基础性的学习教育,同时要注重将更多具有实效性的政策支持提供给相应的管理人员,让学习与实践能更好地融合无间,令管理人员更为顺畅地参与日常教学管理工作的实施与落实。其次,权责分明是工作高效运行的保障,这需要明确的制度规定进行划分落实。因此,高校需要对相应管理人员的具体职责进行充分明确的规定,帮助不同层级的管理人员认识到自己的责任。最后,高校要进一步完善相关制度,通过翔实有效的制度,保障管理人员职责分工的明确,避免在具体工作中出现权责不清、推诿扯皮的现象,以保障管理人员专业能力与水平的稳定发挥。针对这方面的培训主要有以下两方面:一方面是加强对管理人员的技能培训,即关于教学信息的搜集、整理、分析以及反馈能力的学习与提高,借助专业化的学习,更好地为领导层提供决策所需的数据与分析报告;另一方面是强化管理人员的理论培训,即主要通过系统化的培训,提高管理人员的理论水平,转变其落后的思维方式,帮助管理人员在实际工作中,借助先进理论对工作进行有效指导,以此提升管理工作的成效。除此之外,高校需要注重管理制度体系的建设,借助严密的制度规定,提升效率,为保障体系的顺畅运行提供确实有效的保障。

4.突出学生在教学过程中的中心地位

高校教育工作中学生主体地位的缺失是新时代教学质量保障体系问题的重要方面。现代教育理论要求高等教育将学生发展视为教育工作的核心环节,因此,高校工作中学生是否处于核心位置,是评判一所高校是否达到教学质量目标的重要依据之一。针对现代教育理论的要求,要实现理想化的教学质量保障体系,高校在教学质量管理过程中需要以学生发展为价值取向,并保障好学生的中心地位。为做好这一点,一方面,高校需要积极主动地了解学生的个人实际发展需求,提供更多的学习机会与资源以供在校学生选择利用;另一方面,高校需要为学生提供多样的选修课,鼓励学生参加各种类型的兴趣社团活动,开展各类学术讲座,加强学校内外的实习基地建设等。这些方法将帮助高校更好地满足学生不同类型的学习需求,极大激发学生的学习主动性、积极性,让学生在学习中有所获益。通过对学生进行科学的引导,让学生主动参与学校的教学管理工作也是改善教学保障体系的重要方法。通过保障学生在教学质量保障体系建设中的发言权,可激发学生在实现保障体系更新换代中的创新活力,让学生在教学质量评估中发挥所能,促使建设工作进一步推进。因此,高校还要注意完善学生参与管理的制度建设,借助完善的制度与组织建设,激发受教育者在评价教师教学水平中的监督作用,保障高校教学质量的提高。

六、教学过程质量保障体系的未来发展——基于大数据技术的体系完善

随着云计算、交际网络化及信息化管理等新兴产业的进步与发展,我们

迎来了一个新的时代——"大数据时代"。大数据为社会、经济、生活等各个领域带来巨大的革新与变化,并且这种变化已渐渐蔓延到高校。对于高等教育来说,大数据时代的到来不仅是在教学方法、技术等方面的创新,更是对整个教学过程的改革。高等学校如何做好大数据技术的应用,并在此基础上使高等教育质量更进一步,是目前亟待解决的问题,更是高校在未来的教育质量管理工作中所要努力的方向。

在利用大数据完善教学过程质量保障体系,推进高校教育质量管理工作之前,我们需要了解大数据是什么,其对高等教育具有什么意义。大数据本质上是对海量数据的集合,其最大的特点就是"大"。大数据中的"大"不仅仅指庞大的数据容量和规模,还包括对数据的深入挖掘,探究数据背后的复杂关系、巨大的潜藏价值,并以此进行科学决策。大数据对高校的意义重大,其作用和价值主要体现在以下两个方面。一方面,大数据对高校教学过程质量管理决策具有辅助指导作用。高校在进行教学过程质量管理时,可以充分发挥大数据在数据收集、整合方面的作用,具体而言,高校可以通过大数据收集、整合教学质量管理相关的特色理念、先进经验及优秀案例,并挖掘、分析其中存在的共性,从而为高等学校教学质量管理过程提供有效的决策支撑,提升教学质量。另一方面,大数据对高校教学质量信息系统的建立与完善具有重要意义。具体表现在高校可以利用大数据技术建立教学质量数据库。教学质量数据库主要包含两方面内容:一是教学状态数据库,主要通过教学监控与教学评估的手段和方法,从纵向建立历年、各阶段的教学状态数据,从横向建立各专业、各环节的教学状态数据,从而全方位地对高校教学质量进行反映;二是教学过程数据库,该数据库主要是针对教学过程质量的评估与管理工作,通过教学过程数据库可以实时监控高校教学的建设、运行与管理。在了解完大数据与高校教育之间的关系后,接下来将从四个方面分析高校在未来的教学管理过程中如何做好大数据技术的融合工作,从而使教学管理过程保障体系得到进一步的完善。

(一)重视大数据在高校教学质量保障过程中的作用

首先,构建并积极完善教学过程质量保障体系是高校教学质量管理过程中的重要工作之一。对大数据的应用不仅仅是顺应当下时代发展的需要,更是提高整个教学质量的重要方法和途径。由此看来,学校应当重视大数据在教学工作中的作用,并从思想上深刻认识到其对整个教学质量管理的意义,结合大数据技术对学校的教学质量保障体系进行改革和创新。其次,在实践过程中,要加大对大数据技术的投入,如建设专门的大数据管理部门或项目、招募相关人才进行专业管理等,从而使传统的教学质量保障体系能与大数据技术更好地融合。最后,利用大数据构建教学质量保障体系的工作要落到实处。大数据是一项新兴技术,从构想到落实,其间必定存在许多难处,这是任何革新过程中皆会存在的问题,因此在实施过程中,面对大数据技术应用的难处,需要齐心协力,共同克服,以坚定的决心实现大数据背景下高校教育的改革与创新。

(二)做好大数据平台建设工作

大数据平台的搭建及技术的应用具有一定的专业性,所以需要高校树立先进的创新理念和应用理念,做好大数据与高校教育的融合工作。若高校自身缺乏这方面的能力,可以通过与第三方机构合作的方式,打造专业且稳固的大数据平台。同时,在建设大数据平台时需要注意教学过程质量保障体系的创新与改革,尤其需要考虑如何通过大数据平台将信息技术更好地应用到高校教育过程中,从而构建基于大数据平台的全面、高效、健全、完善、系统、科学的教学过程质量保障体系。此外,在建立大数据平台的基础上,要不断完善其应用机制。一方面,学校层面要加大对大数据应用体系的建设力度,可以通过建立专门的组织机构负责相关的大数据应用推进工作;另一方面,在管理层面需要重点完善现有制度,以保证大数据应用机制的健全与完善。

(三)做好数据的收集和管理工作

大数据背景下构建高校教学质量保障体系首先要做好数据的收集和管理工作。在数据收集方面,高校要做到实时性、动态化地收集数据。以教学评价体系为例。传统的教学评价体系难以反映学生在某个学习阶段的增值情况和增值过程,仅仅以单一的指标或是某个阶段学生的数据情况为依据,难以对学生形成全面的认识。解决这一困境和难题最好的方法,就是动态、连续地收集数据信息,根据学生全方位的数据制定相应的课程目标,从而使教学活动更具有效性,整个教学质量也得到进一步的提升。在数据管理方面,高校要保证对数据进行制度化管理。制度化管理数据需要做到以下几点:第一,数据管理内容涵盖范围广,涉及人员多,因此学校的各个部门都需要参与到数据的管理过程中,并明确各个部门在数据管理中的职能和职责,从而对数据进行持续性、周期性的循环管理。具体而言,在数据设计阶段,需要以教师发展为中心或是以教学研究为中心,结合基础学科,如心理学、社会学、教育学等,对数据的内容、数据收集方法等方面进行全面设计;在数据收集阶段,需要依靠学校的信息技术、调查管理等部门,基于数据设计阶段的结果,高效地进行数据收集;数据的使用与反馈则需要依据学校或各学院制定的具体管理政策而进行。第二,要重视对数据的质量管理。在收集数据时,要稽核与验证必要的源头数据,保证数据库中的数据是真实的、可靠的。第三,做好数据的安全管理。数据的安全和保密工作是数据管理的重中之重,如若出现教学、教师或是学生等相关数据的泄密事件,一来会影响学生以及社会对学校的信任,二来会阻碍大数据在高校教育应用进程中的推进,所以,学校需要设置特殊的职能部门,对数据安全进行专业化的管理。

(四)高效利用数据

大数据技术最主要的价值在于其对全面分析数据的重要作用。因此,对大数据的分析不能仅仅停留在简单的制作描述性统计报告上,更重要的是对数据的深入挖掘和分析,以及多样化的数据应用。一方面,可以利用大数据优化教师的教学方案设计,提升教学质量。学生的学习结果受到教师的教学方式和教学行为两大因素的影响。根据大数据所记录的课堂数据(包括教师教学内容、学生课堂反应等),可以为教师日后制定教学计划提供良好的指导作用。另一方面,数据可以向学生反映其学习状况,提供一定的预警作用。学校可以通过开发相关软件的方式,收集学生的课堂表现数据,并将该信息发送给学生,从而产生监督和警示的作用。

总而言之,教学质量保障体系需要根据时代的发展不断改进和完善,依托现代化信息技术,提高高校教学质量管理工作在方法、技术等方面的先进性,使其更符合时代和社会的要求。

【参考文献】

[1]邓慧林.试论高等学校教学质量保证和监控体系的构建[J].西华大学学报,2004(23):38-41.

[2]潘晓卉,郑家茂.构建科学高效的本科教学质量监控与保障体系[J].中国大学教育,2005(1):42-44.

[3]樊增广.提高教学质量的三个系统分析[J].辽宁教育研究,2004(7):73-74.

[4]马东太,王小红.教学质量保障体系的反思与完善[J].当代教育科学,2004(7):38-39.

[5]曲维,朱志君,张恒庆,等.构建高校教学质量保障与监控系统的理论与实践[J].辽宁师范大学学报,2004(6):72-73.

[6]白林,王谢勇.建立和完善高校教学质量监控体系研究[J].大连大学学报,2003(3):92-93.

[7]袁锡宾.学校教学质量的保障与监控[J].教育管理纵横,2003(6):40-42.

[8]田兴长.论高校教学质量保障体系建设[J].成人教育,2004(5):29-30.

[9]周作斌.坚持教育创新,构建高校教学质量保障体系[J].西安财经学院学报,2004(1):87-90.

[10]于晓霖.质量管理[M].北京:中央广播电视大学出版社,2003.

[11]易丹丽.大数据背景下高校教学质量评价保障体系研究[J].现代教育技术,2019(23):11-12.

[12]王双双.新时代高校教学质量保障体系的缺失与完善[J].黑龙江教师发展学院学报,2020,39(3):37-39.

互联网商业生态环境下
商科专业课程多元协同教学模式研究①

顾春梅

摘　要: 目前高校的商科专业教学大多仍采取以理论讲授为主的"满堂灌"方式,不利于全面培养学生的商务实战能力,更难以适应现代互联网商业生态环境对商科专业人才的要求。本文重点研究商科专业课程教学方式改革,探索在专业教学过程中开展"1+X"模式,实施多元协同教学,实现理论与实践结合,全面锻炼和提升学生分析问题和解决问题的能力。

关键词: 互联网商业生态环境;商科专业课程;"1+X"模式;多元协同教学

一、引言

商科专业以培养综合性应用型现代商业经营管理专业人才为目标,但长期以来,中国高校的商科专业课程教学大多采用以理论为主的"满堂灌"方式,教师以理论讲授为主,学生的主要任务是聆听和接受知识。这种僵化的、缺少互动的、没有操作性的专业课程教学模式不利于全面培养学生的商务实战能力,更难以适应现代互联网商业生态环境对商科专业人才的要求。

互联网、云计算、大数据等新型技术正在深刻改变人们的思维和学习方

---

①　本文系顾春梅主持的浙江工商大学校级课题"市场营销专业多元协同教学模式研究"的结题报告。

式、生产和经营模式。因此,着力培养富有创新精神和实践能力的各类创新型、应用型、复合型商科人才是高校商科专业教学的发展方向。

二、互联网商业生态环境对商科专业教学的要求

(一)互联网商业生态环境及其特点

随着互联网技术的发展,整个商业环境发生了巨大的变化。新的互联网生态环境正在形成。"互联网生态是以互联网技术为核心,以用户价值为导向,通过跨界纵向产业链整合,横向用户关系圈扩展,打破工业化时代下产业边界和颠覆传统商业生态模式,实现链圈式价值重构的生态体系。"(喻晓马等,2015)

互联网商业生态环境具有以下特点:

(1)数字化。随着云计算、大数据和移动互联网技术的发展,商业全面数字化已成为必然趋势,我们正身处一个虚拟时空和现实时空交互的时代。在全新的商业生态环境中,企业应具备在全面互联互通的市场环境下,利用广泛互接来跨越原有的经营范围,迈向全新的商业领域的能力。

(2)社交化。移动互联时代的到来,让社交成为一种生活的基本元素。消费者,特别是年轻消费者,在情感、价值观、身份认同及生活方式上,形成部落族群,将某种共同认知、体验和习惯当作部落的图腾。企业在这场变革中需要预见消费观,并领先于消费者的需求才能适应市场。

(3)开放性。互联网时代面临开放的局面,互联网打破了传统企业之间价值链的壁垒,消灭了信息的不对称,让去中心化力量不断崛起,彻底改变了过去企业和企业之间、企业和用户之间、企业和员工之间的价值关系。

(4)创新性。新的互联网商业生态系统是开放与共享的。只有创新才能培育多样性,只有打破知识边界,融入多元化元素才能让商科焕发新的活力。

(二)现有商科专业教学模式难以适应互联网商业生态环境变化

1.滞后的教学目标难以培养学生应对多变商业环境的适应能力

现有商科专业的课程目标主要是把一门专业课程的知识体系讲授清

楚,让学生对该课程的理论和方法有一个基本了解。这样的教学目标显然难以适应现代商业生态环境的变化。一是因为课程学习的理论体系是对过去商业实践的总结,而未来的商业活动是在不确定性中进行的;二是作为应用性非常强的商科人才,掌握商业经营管理理论和方法只是起点,不是终点;三是授课教师对理论体系较为熟悉,但对现今的商业实践知之甚少,难以将内容落地和深化。

2. 框架性的教学内容难以提高学生应对复合商业模式的综合能力

现有商科专业教学内容以理论为主,强调内容的完整性、系统性和条理性。教学内容中的数字化、创新性较少体现,学生难以适应未来数字化、创新性的复杂的商业环境。在"互联网+"背景下,伴随着大数据、人工智能、云计算等新技术的应用,新业态、新产业和新商业模式层出不穷,企业变得更加多样化,组织边界越来越模糊,商科创新成为大势所趋。因此,"商科教育要从单纯注重对学生理论知识的传授转移到注重其综合能力上来,通过多种方式培养和提高商科学生领导、创新、合作等方面的技能"(易爱军等,2018)。

3. "满堂灌"的教学方式难以锻炼学生应对交互商业活动的合作能力

现有商科专业的教学方式以知识点的讲授为主,大多采取"满堂灌"的方式,这种单向的、缺少交互的教学方式使得课堂死气沉沉。未来的商业活动大多是交互式的,企业与企业、企业与顾客、顾客与顾客都会产生交互作用。如果我们的教学方式是缺乏交互的,课堂上都是单向交流的,难以想象以这种方式培养出的学生会有很好的交互意识和合作能力。

4. 僵化的教学评价机制难以提升学生适应开放商业格局的创新能力

现有商科专业课程教学评价主要是通过考试或考核来完成。这种有题库和标准答案的考核形式,难以与互联网商业生态环境下的互动开放、创新共享特性相匹配。一个题目只有一个答案,一种现象只有一个解释,显然是局限了商科学生的思维,这样的学生跨出校门、进入激烈的商业实战后难以有很强的创新意识和创造能力。虽然一些学校也"建立了一整套关于实践教学的管理制度,但缺乏对实践教学质量积极的约束机制,实践教学有较大的随意性,缺乏制度化的全过程监控体系"(胡文龙,2016)。

(三)互联网商业生态环境下商科专业教学的三大变化

1. 变专业教师单独授课为多角色团队联合授课和培训

过去,专业课程教学基本上由教师担任,专业教师具有扎实的理论功底和丰富的教学经验,可以系统地将商科的专业理论和案例与学生进行分享,使学生在投入商战后能够有的放矢。随着互联网技术的发展,商业环境正在发生巨大变革,许多商业实践已经走在理论的前头。正如营销学权威菲利浦·科特勒所说的"Market changes faster than Marketing"(曹虎,2017),专业教师如果仅仅是作为这场商业革命的观察者、审视者,恐怕难以去总结和归纳新的理论和解释新的案例,那么就需要有更多的商业实践者参与到商科专业教学中来。

2. 变单纯的理论学习为"听、看、说、学、做"相结合的理论探索和商业实践

前人总结的商业理论有框架、有逻辑,而且长期以来的商业实践证明,许多商业原则有着"放之四海而皆准"的权威性,商科学生可以从这些理论中学习到许多今后商业实践中通用的规律。但是随着互联网商业生态系统的发展,在许多商业原理失效的同时出现了前所未有的新的商业模式和商业策略。过去,一个哈佛商学院的案例可以供学生讨论几十年,而今天一个成功的案例可能在不久的将来便成为一个失败的典范。例如前几年非常推崇的"共享单车"在今天已是互联网创业的失败案例。所以,如今的商科理论是不断刷新迭代的,商科的理论研究者和实践者都需要在"听"和"看"中总结,在"学"和"做"中探索,做到听、看、说、学、做相结合。

3. 变"动眼"和"动嘴"的学习为"动脑"和"动手"、创意和创新相结合的主动学习

过去,商科专业学生基本上是通过"动眼"(阅读教材)和"动嘴"(案例讨论)来学习理论和方法,动脑和动手相对不足。"动脑"是指通过运用所学商学理论去思考和分析问题,形成自己的方案;"动手"是通过实验,设定情景,模拟决策,真实体验营销决策的严峻挑战。未来专业教学应尝试将教师课堂理论讲解比重压缩至60%以内,学生参与比重扩大至40%以上,使学生

在动眼、动嘴的基础上,多动脑和动手,真正锻炼和提升自身分析与解决商业问题的能力。

三、适应互联网商业生态环境商科专业课程"1+X"教学模式

(一)"1+X"的教师团队,丰富现代商业知识体系

在教学过程中,任课教师可以是"1+X"个角色,即专业任课教师作为1,X则可以是企业导师(老板)、学长(老生),也可以是同学(老友),通过由多元角色构成的复合型教学团队(见图1)来开展授课和培训,可缩小理论与实践的差距。"建构主义教学理论认为,知识不是完全靠教师传授得到的,而是学习者在一定社会文化背景的情境下,借助他人(包括教师和学习伙伴)的帮助,利用必要的学习资料,通过意义建构的方式获得。"在教学过程中,老师传授理论知识、老板解读实战密码、老生提供实践经验、同学分享学习体验,这样有利于学生全面掌握经营管理的理论和方法。专业教师的授课解惑和企业家的分享点拨可提升学生的领悟力和商业智慧。

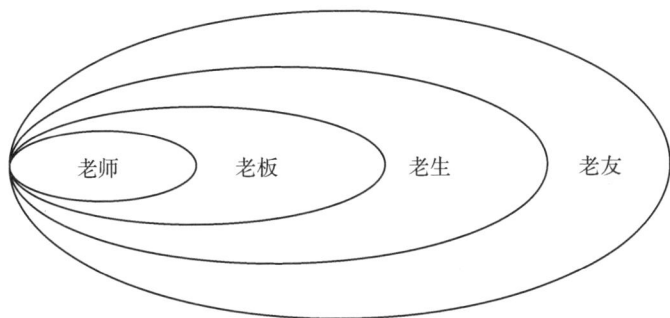

图1 教学团队多元化

(二)"1+X"的教学内容,构建全新商业思维体系

在大数据背景下,需要根据商科专业特点与环境变化要求,对教学内容进行调整,以"培养具有互联网思维习惯和数据处理能力,并能与专业知识深度融合的特色商科人才"(杨年华,2016)。商科的专业知识内容丰富,而

专业知识的传授不是靠理论学习习得的。教学内容的"1+X"是指将基本知识点作为1,围绕知识点增加案例分析、热点讨论、难点思考、前沿展望等（见图2虚线部分）。这就要求教学团队在专业课程的教学过程中重新梳理教学内容,将原有的教学内容进行分解,既保持学科的理论体系,又突出重点;既有前沿理论,又有具体操作。在教学内容中体现创意、创新、创业和创造。创新是指内容要与时俱进;创意是指学生要开动脑筋,提出自己的想法;创造是指有自己的解决方案和行动思路。要通过教学内容的重构,"使学生在基础理论、科学素养、创新能力、适应社会变革能力等方面得到全面提高"(黄深泽,2016)。

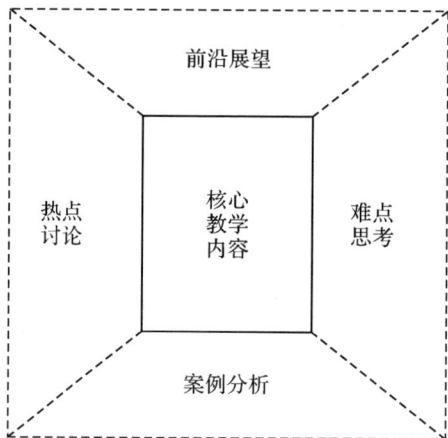

图2　教学内容多元化

(三)"1+X"的教学方式,提升商业实战能力体系

教学方式的"1+X"是指在理论教学的基础上,通过案例教学、情景教学、实验教学等教学方式方法,变单纯的听课为"听、看、说、学、做"相结合,提高学生专业理论水平和实际运营操作能力,具体表现为动脑和动手。动脑是指学生要对讲课内容进行深度思考;动嘴是指要将自己的意见表达出来,要加强交流与沟通,从而对问题的认识更全面、深入;动手是指要着手去做方案,比如,营销策划、广告学等课程就应该让学生形成有自己特色的策划方案。这也是浙江工商大学推行的"一体多元"课堂协同机制的体现。"'一体'指第一课堂,'多元'指创新创业实践、校内外实习实训、第二校园求

学和学生社区成长等课堂形式。"(陈寿灿、厉小军,2018)

(四)"1＋X"的考核方式,匹配商业人才培养目标

考核方式的"1＋X"是指除了卷面考试外,可增加案例分析、小组讨论、模拟实战、活动方案等考核方式,全面考查学生对专业知识的理解,以及运用理论和方法分析及解决问题的能力。考核方式的变革,要努力适应未来商业人才培养目标的实现。

四、商科专业教学实施多元协同教学模式的对策

商科专业教学实施多元协同教学模式改革,一方面要强调多元协同,而"多元协同,就是将庞杂的系统分成若干个子系统,各个子系统之间具有同步性、相关性、整体性、合作性与互补性的特点,它们相互协调、同步联动、协作统一,拥有'一加一大于二,整体大于个体之和'的集体行为和协同效应"(张绍兵等,2018);另一方面是主张协同创新,"协同创新就是以知识增值为核心"(刘智勇,李郡,2017)的各类要素的整合。鉴于目前的教学现实,商科专业教学要强调多元性、协同性和开放性,可通过加、减、乘、除法,逐步推进商科专业教学改革,提高商科专业教学质量,提升商科学生的未来商战竞争力。

(一)教学目标做加法

专业课程目标的加法是指在要求学生掌握课程基本知识的基础上,全面提高分析问题和解决问题的能力,以及战略决策和方案策划水平,最后获得商业智慧。即商科专业课程的教学目标是培养学生以下几个方面的商业素养:理论知识＋分析方法＋决策能力＋商业智慧。

(二)教学内容做减法

首先,授课内容减少基本知识点讲解。商科教学内容中的许多知识点完全可以让学生通过课前预习或在线课程学习去理解和把握,这样课堂上才有更多的时间去讨论重点、难点、热点和创新点。其次,授课方式减少"满堂灌"。在教学内容改革的基础上,学生可以更多地关注创新点,这样不需要也不可能出现"满堂灌"现象。再次,课程考核减少死记硬背。商科专业

主要是培养应用型人才，但目前高校的考核仍然以识记为主，大多为闭卷考试，最多也是以理论为主的大型作业，这样的考核方式难以培养和考察学生的实际运营能力。因此，今后商科专业课程的考核要增加实操内容而不是闭卷考试，即使是闭卷考试，考试题型中也应该避免过多的"死记硬背"的考题。实操型的考核可以增加案例收集和案例分析、调研和可行性报告、策划方案和活动方案等。当然，也要根据课程的具体要求，不可"一刀切"。

（三）教学方式做乘法

教学方法做乘法是指在专业课程教学中通过多元协同，整合创新，实现几大乘积，使教学效果最优化。通过"老师＋老板＋老生＋老友"多元协同的团队教学，增强学生的商业素养；通过"动眼＋动口＋动脑＋动手"全方位的专业训练，提高学生的专业水平；通过"创意＋创新＋创业＋创造"相结合，提升学生的实战能力。

（四）教学效果看除法

教学效果主要体现在过程和结果两个方面：一是学生在教学过程中的参与感和投入度；二是学生通过专业课程学习而产生的获得感和满意度。学生在专业学习中的参与感和投入度，可以通过课堂关注、参与和互动情况等来评价。我们提倡多做除法是指重点关注分子，即在专业教学过程中，要重点关注参与学生占比、活跃学生占比。关心学生通过专业课程学习而产生的获得感和满意度，主要是努力使更多的学生有良好的获得感和满意度。

我们认为专业课程学习效果是一个持续的过程，良好的教学效果不应该是漏斗型（见图3），而应该呈领结型（见图4）。图3是漏斗型，指学完、考完一门课后学生已经将知识基本还给老师；图4是领结型，是指学生通过学习，虽对学科内容有一定遗忘，但之后能够举一反三，用于商业实践，取得绩效的同时对理论有更好的诠释，这样才是真正达到了良好的教学效果。

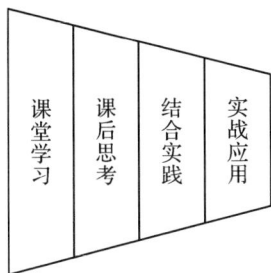

图3　漏斗型学习效果

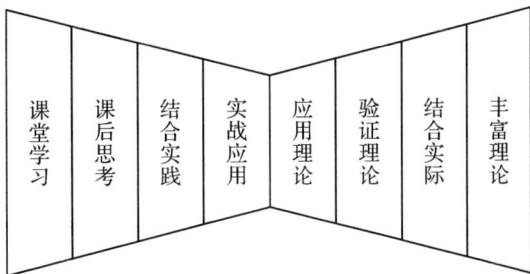

图4　领结型学习效果

【参考文献】

[1]喻晓马,程宇宁,喻卫东.互联网生态重构商业规则[M].北京:中国人民大学出版社,2015.

[2]易爱军,吴价宝,戴华江."互联网＋"背景下商科创新人才培养模式研究[J].淮海工学院学报(人文社会科学版),2018(7):131-133.

[3]胡文龙.协同创新视域下本科物联网工程专业实践教学的探索与思考[J].高教学刊,2016(16):170-172.

[4]曹虎,王赛,乔林,等.数字时代的营销战略[M].北京:机械工业出版社,2017.

[5]杨年华.大数据背景下经管类专业计算思维培养模式探索[J].高教学刊,2016(22):77-78.

[6]黄深泽.财经院校管理科学专业多元化实践教学协同体系构建[J].物流工程与管理,2016,38(2):138-140.

[7]陈寿灿,厉小军.基于"文化引领、融合创新、一体多元"的大商科人才培养体系构建与实践[N].光明日报,2018-08-18(3).

[8]张绍兵,冯福生,季厌浮.基于多元协同的物联网实践教学体系的构建[J].黑龙江教育(高教研究与评估),2018(5):22-23.

[9]刘智勇,李郡.协同创新视角下地方本科院校实践教学改革与实践研究[J].高教研究与实践,2017(1):32-35.

直播教学的课堂特征、教学能力及活动设计①

楼天阳

摘 要:直播教学是在线慕课和网上教学的升级版,具有第一时间性、现场感、同步交互性等特征,但是老师们在直播环境下如何重构教学内容、创新教学方式普遍缺乏在线教学理论的支持。本文针对直播教学的情境特征,提出了直播教学对老师的三个能力要求,同时总结了直播教学的课堂设计和教学评价的指标。所得出的结论对我国当前推广的直播教学具有借鉴和指导意义。

关键词:直播教学;教师能力;云课堂

在 2020 年新冠肺炎疫情影响下,教学方式陡然从基于传统线下课堂和在线视频课程的渐进过渡跳跃到全民的直播教学。对照时下的网红经济和直播带货,老师们自嘲自己成为"十九线的主播",虽然这对于老师的教学能力来说是一个巨大的挑战,但对于未来"云教学"的发展则是一个巨大的推动。事实上,教师教学一直是直播状态,以前在教室里直播,现在通过网络直播,实时互动、精心排练、富有表演本来就是教学的天然属性,只不过这些课堂组织和教学互动的技巧在网络上、屏幕里重新进化。然而,虽然教学时空分离、教学行为分离的现实为融合互联网思维创新教学方式提供了条件,

---

① 本文系浙江省"十三五"教学改革研究项目"反思与重构:本科'数字营销'人才培养模式的融合与改革研究"、浙江省"十三五优势学科"建设平台项目资助。

但客观上，以"互联网＋教学"为代表的在线教育理论的不足，使得我们需要创新在线教学环境下的教学方式和方法。本文在此背景下首先探讨了直播教学和传统线下课堂教学、在线视频课程的差别，然后提出了直播教学老师能力的构成要素，最后总结了直播教学活动设计的几种模式。

一、线上直播教学的"云课堂"特征

网络直播是指通过智能手机、电脑、平板等终端，在互联网平台上实时呈现表演、展示、互动等行为的一种新兴的在线娱乐或服务方式，具有第一时间性、现场感、同步交互性等特征（文杨，2017）。直播教学是网络直播和课堂教学的结合，可以说是未来教学的一个方向，它是多媒体网络教学的升级，基于 SPOC 的方法论实践和建构主义的发展，为教学方式的突破带来了新的可能。具体而言，线上直播教学的"云课堂"包括以下特征：

首先，教师高度媒体化。可以说网络直播是仅次于电视节目的高度媒体化的大众传播方式。正是因为高度媒体化，所以网络直播会强化、凸显个人的形象。学生眼睛中看到的场景和老师个人的角色融为一体，成为一个重要的媒体场景。所以，老师个人符号的构建对学生的影响很大，在一定程度上影响着学生的态度倾向。由于语言是人类最基本的符号系统，因此传播学一般将人类使用的符号分为语言符号和非语言符号两大类（武琼，2015）。每个老师可以在语言的开放性、随意性、幽默性等特点上做文章；同时，对于非语言符号，比如服饰、动作和表情，以及背景也可以做些设计。

其次，SPOC 教学的升级。直播教学是 SPOC 在线课程的"实时化"和升级版，同样引入了各大平台的视频课程，所以，直播教学的课堂设计完全可以采用"翻转课堂"形式。直播教学是面向小规模、特定人群，它利用 MOOC 资源及在线评价、交流功能改变了传统课堂教学现状。当整个课堂的教学、资料存储、现场交流都在线化时，就为融合在线学习和传统线下课堂教学的混合教学模式的应用提供了可能。在运行机制上，直播教学完全和教学课堂对应，真正实现了小班化在线教学，在实时互动之余又提供了课程，它是一种"云端"的面授教学。

再次，弹幕文化的课堂形式。弹幕文化在网络直播中的位置至关重要。

当老师和同学们碍于屏幕交流,线上连麦效率不高,不能全员参与时,弹幕的交流成为课堂新的参与方式,能营造出共同在场的氛围,是有趣内容的传播方式。在娱乐直播平台,弹幕在连接观众和主播的同时,还能营造出一个虚拟的网络社区,让观众和观众实施互动;在直播教学中,弹幕则让学生和老师感觉同处一个时空课堂中。

最后,双向互动。网络直播具有一般社交媒体的互动特点。传统的基于教学视频的网络教学,表现在:(1)制作单向传播的电子课件;(2)录制教师授课的视频及音频,通过网络播放;(3)一旦课件建立,即是教学方法的定型,忽视了教学活动中如何使学生实现必要的知识综合。与网络录播相比,网络直播的交互优势得以呈现在网络直播中,参与用户可以与直播嘉宾、其他用户及直播资源进行多元互动,这种"面对面即时互动"的形式让信息交互变得更容易、更便捷、更多样。缺乏粉丝和粉丝间的互动是没有办法营造出良好的传播效果的,而缺乏粉丝和主播之间的互动则无法给粉丝带来内心的归属感。现在直播教学不只是传统教学模式在网络上的再现过程,也不仅仅是通过多媒体技术和网络技术重新包装传统的教学内容、教学模式,而应该从认知的本质出发,实现以教师(教材)为主题的传统教学模式向以教师、学生共同为主题的互动式教学模式的根本变革。

二、线上直播的教师能力要求

线上直播教学(Live Teaching)不同于视频课程,前者是通过网络教学软件的实时互动,后者是学生对视频的主动观看和学习,既非实时,也无互动,所以,前者对教师云端的表现力、课堂的掌控力要求更高,而后者更强调视频内容(脚本)的设计和拍摄情境设计。在直播教学环境中,学生由于独处在网络另一终端,缺少课堂氛围和学生群体,处在自由式、资源式的观看状态中,很容易游离出课堂。在课堂管理中,老师无法直接观察到学生的状况并做出反应,造成游离的学生完全离开线上课堂,因此,线上教学的临场把控显得至关重要。教学临场感能够评价在线教师的角色、行为和主要职责,是最为基本的因素。我国的一些在线教学正是因为缺乏足够的教学临场感,才使得师生之间、学生之间的讨论和认知水平还处于比较浅的层次上,学习情况仍以表层学习为主,而没有发生真正意义上的深度学习。Anderson等将教学临场感定义:为了实现对个人有意义、在教育上有价值的学习成果,而对认知和社会过程进行的设计、促进和指导(Anderson, et al, 2001)。在线教学的设计和组织比课堂教学要复杂得多,教学必须全面考虑课程的整个过程结构、评价及学生的交互,想方设法使得在线课程更加清晰易懂。因为在线课堂缺乏传统课堂的社交线索和规范,促成讨论对保持学生的学习兴趣、动机及积极参与极为重要。教师必须能够正确地传达课程内容,并创设积极讨论的氛围。教师通过直接指导为学生的在线学习提供"支架"。此外,师生间的这种深层次交流必须在有高水平的社会临场感及教学临场感环境中才能发生。

关于直播教学所需的教师的能力结构研究目前还很缺乏。既往的研究中有学者研究了SPOC混合教学的胜任力模型,以探索SPOC混合教学情境中获得高绩效所需要的深层次胜任力。廖宏建和张倩苇通过关键事件法研究认为SPOC混合教学胜任力模型包含3项基准型胜任特征,即专业知识、讲授能力和信息素养,以及13项鉴别型胜任特征,即成就动机、课程设计等(李慧丽,2009)。教师要想在直播2节或者3节课时,全程吸引学生注意,不让学生走神,就要跟网红主播一样,把控好直播教学的节奏感、情绪饱满度和互动趣味性。对于教师来说,首先就是视频课程节奏控制能力。由于相隔天涯,教师要能够实时地带动学生,让学生跟着直播节奏走,可采用小主题式直播,这样即使学生稍微游离也能马上回过神来知道自己在听什么。一般3节课的直播可以分为9个左右的主题,每个主题15分钟左右,充分利用番茄时间的注意力原理。其次,就是镜头前的情绪张力。其实,直播教学时,老师的语言和表情可能需要比线下教学时更夸张,这就是李佳琦"哦,my god"的魔性召唤魅力,可以充分吸引看客,而且增强代入感。最后,是对视频教学的互动控制力。这是直播的生命,如果学生光看不做,就无法融入教学的进程。在当前直播条件下,我们虽然无法实施案例教学,但是完全可以通过案例式提问,来迫使学生思考,充分鼓励学生在互动区进行回复;或者通过连麦的方式让学生来回答;还可以通过抢答题目的方式,让学生对即时学习的内容进行互动测试,有做题的挑战性,学生的积极性就会很高。

三、线上直播教学的课堂活动设计

教学方式是教学活动的动态表征与呈现形式,影响在线教学的因素主要包括教学目标、教学环境、教师、学生、教学资源、教学活动、教学评价等七个方面(廖宏建、张倩苇,2017)。"互联网＋在线教学"方式不仅代表以互联网为技术手段支持的教学方式在线化,更展现出以互联网为创新要素对在线教学七个基本要素的重构和变革。面对疫情期间教师和学生完全物理隔离所导致的教学时空分离、教学行为分离等现实问题,需要依托在线教学环境支持弥合教学时空、重组教学资源、创新教学活动、重整教学评价。

总体而言,课堂以同步课堂教学、异步课堂教学和多元混合教学为主。其实现在很多课程都有线上视频课程,比如市场营销学是省级精品课程,有完整的录制视频,目前在超星泛雅平台有完整的视频教学资料。根据初步学生调查反馈,线上视频课程中基本概念讲得比较清晰,但分析不够;而直播互动教学可以针对理论知识分析应用和学生学习中的问题展开,这是直播授课方式的优势所在。因此,教师要享受在直播课程中与学生的互动(教学本质应该是实时互动的),这是教学的乐趣所在。所以,现在的设计是把视频课程作为预习课程,要求学生在直播课前完成。直播课主要做三块内容——主题解析＋互动测试＋应用讨论,在直播课与学生进行深度互动,直播教学的内容设计要和线上视频有交叉和升级。对于老师来说,线上视频课和答疑讨论课或直播课如何结合是个难题,不能重复讲概念,要有新意和新的体系,要让学生感觉是一个设计好的课程体系,这对老师来说是个挑战。

从直播教学以来,现在老师基本可用超星学习通、微信、QQ课堂和钉钉的视频教学方式,但如果从和学生互动性维度和对老师教学技能要求性来看(见图 1),建立线上互动课堂比看视频课程重要。就视频课程教学而言,如果停留在仅让学生看视频课程,然后做点课外习题,或者在微信上的非同步讨论,那教师对课堂的控制力就比较弱,甚至对教学质量的把控也是难题。所以,直播过程中通过屏幕共享、和学生连麦互动、实时的问答讨论和在线的测试等互动方式,可以强化虚拟课堂的"共存感"和"实时感"(沈军、顾冠群,2002)。这应该是老师、学校和设备制造商共同追求的目标。

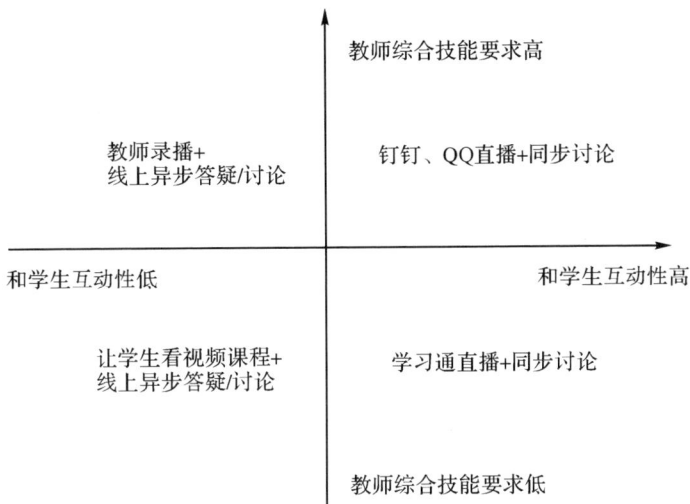

图 1 老师采用线上教学不同方式的挑战和效果评估

教师综合技能要求高

教师录播+
线上异步答疑/讨论

钉钉、QQ直播+同步讨论

和学生互动性低　　　　　　　　　　　　　和学生互动性高

让学生看视频课程+
线上异步答疑/讨论

学习通直播+同步讨论

教师综合技能要求低

图 1　老师采用线上教学不同方式的挑战和效果评估

四、线上直播教学的评价

直播效果评价是对整个直播教学过程的评价,目的在于"以评促学"。Webster 和 Hackley 将影响网络学习的要素归纳为技术特性、教学者特性、课程特性和学习者特性。在直播活动教学结束后,直播团队通过对师生交互频次、交互内容等相关数据进行统计,了解学员在本次直播中的学习效果。总体而言,由于教学平台的技术特征,我们可以从客观指标和主管指标两个方面来评价。首先是客观指标。可以从平台上监控到学生的学习时间、学生给老师的点赞数、互动区的弹幕数,这是平台本来就有统计的客观指标。其次是主观指标。这包括学生的获得感和连接感,学生是否觉得自己在课堂上有收获,和其他同学是否有联系,是否能够组成共同的学习社区。

五、小结

　　互联网思维的融入丰富了在线教育的理论内涵,融入互联网教学思维的在线教学方式不是传统教学方式的"网上复现",而是以融合互联网思维重塑教学内容为出发点,在面向在线教学的实施过程中重构教学结构,再造教学流程和创新教学方法,依托互联网信息技术提供支持服务,从而达成教学目标。但就现实而言,大部分教师还未能真正理解在线教学的实质规律,缺乏在线教育理论指导,仍需加强尤其是信息化教学设计方面的理论指导。本文在分析直播教学的情境特征后,着重分析了老师为了塑造良好的临场感,应该在节奏、情绪张力和互动趣味性方面着力,这不是传统的教学能力,而是现实要求的教学主播能力。最后对课堂教学活动的组织方式和评价指标做了总结。总体而言,引入更多来自技术平台的客观指标可以为未来教学评价提供新的测量指标和评价方式。

【参考文献】

　　[1]文杨.网红时代下教育直播的发展探析[J].出版广角,2017(2):76-77.

　　[2]武琼.网络脱口秀节目主持人应具备的能力——以网络脱口秀节目《大鹏嘚吧嘚》主持人大鹏为例[J].青年记者,2015(36):65-66.

　　[3]ANDERSON T, ROURKE L, GARRISON D, et al. Assessing Teaching Presence in a Computer Conferecing Context [J]. Journal of Asynchronous Learning Networks,2001,5(2).

　　[4]李慧丽,蒋国珍.在线教学的教学临场感评估:以《远程教育研究方法》在线课程为个案[J].中国远程教育,2009(2):44-47.

　　[5]廖宏建,张倩苇.高校教师SPOC混合教学胜任力模型——基于行为事件访谈研究[J].开放教育研究,2017,23(5):84-92.

　　[6]沈军,顾冠群.面向网络教学的互动式体系模型[J].东南大学学报,2002(1),6-10.

商科课堂仿真实践中
互动式教学法效果评估模型构建①

侯　旻

摘　要:在教学过程中,互动式教学法是重要的教学方法之一,如何正确评价互动式教学法在仿真课程中的教学效果是关键性问题。本研究通过深度访谈方式,建构了互动式教学法效果评估模型,通过 EFA 和 CFA 分析,对模型进行了修正。结果表明,评估模型包括 5 个测量维度,即教师能力、学生动因、沟通能力、资源准备、管理能力。本研究不仅有利于提升互动式教学法在商科实验课程中的应用,而且为提升商科实验教学水平提供检验的标准。

关键词:互动式教学法;商科实验课程;仿真实践课程

一、引言

李克强总理在 2014 年 9 月夏季达沃斯论坛上提出"大众创业,万众创新"的号召。为响应这一号召,我国许多高校纷纷创立、建立"创业学院",并开办"创业专业"或"创业课程"。面对大学生普遍缺乏实践经验的问题,如

---

① 本文系浙江工商大学"16 年校课堂教学创新-基于互动仿真实践的商科课堂教学实践研究——互动式教学法评价及效果评估模型构建"(1010XJ2916004);浙江省本科院校优势专业建设项目(市场营销)配套经费,"基于互动仿真实践的市场营销实验教学体系建设研究"(1010XJ0513030)阶段性成果。

何解决大学生实际动手能力成为各高校在进行"创业、创新"培养过程中的发展瓶颈。目前,主要的解决途径是借鉴理工科的实验室训练的方式,在实验室中建构一个虚拟的商业环境,采用网络软件创建一个商业平台,让学生在虚拟的商业环境中进行相应的操作,完成一个又一个商业任务。商科实验教学的独特性主要表现在:第一,教学时间空间灵活。许多商科实验教学中心致力于建设开放式实验教学,让学生不仅可以在实验室里完成任务,也可以通过网络在任何地方完成任务。第二,考核方式多元。实验课程的考核可分阶段进行,考核结点通常有实验前、实验中及实验后,考核方式多样。第三,教学目标具体明确。商科实验教学的教学目标侧重于学生动手能力、思考能力、创新能力等等实用能力的综合性培养。正因实验教学的独特性,所以需要老师、学生在虚拟情境下更好地互动。

所谓互动式教学即指教师在教学过程中创造一个情境环境以鼓励学生有动力去学习,同时能够激发学生自由探索、发现和渴望知识的过程(Deslauriers,Schelew,Wieman,2011)。情景互动教学法提倡和鼓励学生在学习过程中结合社会与实践,依据所拥有的知识,结合一定的情景,尽量接近现实地表现出来,以实现理论应用于现实的最佳效果。在实验教学这样一个"互动"性课堂中,学生的参与程度应该高于任何传统的"传授—反应—反馈"教学过程。另外,现代高等教育理论非常强调师生之间的合作协同关系,强调教师应为主导,学生则为中心,高等教育应当关注学生情感和智慧的统一,重视创新能力的培养。教学过程中,互动式教学的效果很大程度上取决于班级的规模及学生学习的动机(Riely,Myers,2014)。互动的方法有教师主导提问式、引导式讨论和互助式学习。通过大量的验证,这些方法被证明在传统的课堂教学中有较为显著的效果(Wilen,2004)。但这一方法在实验教学中,尤其是商科实验教学中效果如何,并未得到有效的验证。因此,本研究通过实证的方法,主要探讨如下三方面的问题:(1)商科实验教学中互动式教学方法分为哪几个阶段的工作?(2)在不同的阶段,学生、教师的活动有哪些?(3)学生、教师如何评估教学方法的效果?

二、研究背景

(一)虚拟商业环境(VBSE)仿真实验课程概述

虚拟商业社会环境 VBSE 系统将企业的经营管理全景分为企业主体和外部服务机构两大部分。主体企业为同一行业内的若干家生产制造公司,这些生产制造公司在相同的市场经济环境下,各自按照自身的经营方针去经营企业,在经营过程中做出自己的决策,最终反映在各自经营业绩上的差异,每家主体企业之间是竞争对手的关系(周媛,2014)。它通过模拟仿真现实企业的工作环境,预先设计企业运作经营的各个职能部门、工作岗位、运作流程、管理系统,在实验过程中严格遵守真实企业运营规范,从而让学生体验到真实的企业工作环境。实验课程的内容安排主要分为三个阶段:一是前期准备阶段;二是固定经济阶段(即业务熟悉阶段);三是自由竞争阶段(即对抗性竞争阶段)。这一实验课程,能够让学生体验真实企业社会,体验企业运营流程,体验企业之间的竞争关系,以及为此必须做出的企业经营决策。充分融合角色扮演、案例分析和专家诊断于一体,使学生在"参与中学习",在各种决策的成功或失败的体验中,学习各种管理知识。

(二)互动式教学方法的自然属性

良好的互动应是鼓励、期望和拓展"学生的贡献"(Kennewell,Tanner,Jones,et al,2008),这需要学生在这一过程中更多地主动参与和融入。在商科实验课程中,课程设计多以任务导向型为主,其中既需要教师主导的讲授式授课,也需要学生主导的小组任务,不同的环节、不同的阶段,互动的状态也不尽相同。表 1 总结了不同状态的互动属性。

毫无疑问,教师需要在不同层面的交流中变换。在本研究中,我们采用访谈式调查方法,调研了浙江省内四所高校 VBSE 课程授课状况,从实验课程的特征入手,以互动教学的连续性为主要特征,将这一教学方法定义为教学过程,并划分为如下五个阶段。

(1)搜索情景互动教学资源。本阶段主要是教师根据确定的情景教学主题,指导学生准备需要的资料,并明确资源搜索任务的分配。

表1 课程中不同的互动属性(Tanner, et al. 2005)

授课方式	互动属性	
讲授	只是内部心理活动	教师控制高
低水平提问(例如是非式问题)	刚性提问回答和浅层互动	↓
探索式提问	松散性提问回答和略深入的互动	
对话式讨论	动态的提问回答和深入的互动	
小组共同讨论	有反馈的提问回答和完全参与	学生控制高

(2)情景教学课堂的创建过程。本阶段教师需要采用多媒体技术辅助工具,通过图片、幻灯片及视频播放等方式,在教学课堂中较为真实地模拟学生未来可能遇上的实际情景。

(3)分析情景教学难点。在情景教学过程中,授课老师需要进行教学难点的分析,利用电子幻灯片、视频录像等多媒体音频对与情景教学相关的难点进行解析。教师可以从学生的回答过程中进行评估,有利于学生在真正的情景模拟操练前正确掌握更多的课堂知识。

(4)情景模拟。情景模拟是情景互动教学模式中的实践环节,这一阶段需要教师和学生的共同参与才能完成。教师通过课堂所设计的情景,对实验进行分组,让所有学生参与其中。在整个过程中,教师扮演主考官的角色,细心观察整个模拟过程,对学生在整个情景模拟操练中的表现进行客观评价。

(5)评估情境操练。情景操练评价是提高学生正确运用知识的有效途径。教师可通过多维方法,对学生在操作过程中的表现进行全方位、综合的评估。

三、研究设计

(一)评估量表的构建

本研究结合赵尔杨、孟琰、王姗(2014)提出的框架,对浙江某大学20名学生进行了深度访谈,每位被访者平均访谈时间为25分钟。研究与被访者的访谈内容,将被访者提及的互动教学活动进行相应的整理,以此为基础整理出互动仿真实践教学的教学效果评估体系,共得到 22 个关键评价点,并得到 32 个测量语句。问卷采用李克特五级分点进行测量(1 表示非常不同意,5 表示非常同意)。我们对问卷进行多轮预测试,修改了其中有歧义或所指不清的问题,形成最终量表。

(二)量表测试与调整

1. 样本描述

本研究选择浙江两所高校,对参加实验课程的学生进行问卷调研,共发放问卷 300 份,回收 298 份,回收率为 99.33%;其中有效问卷为 287 份,有效率为 96.31%。其中,男性样本为 48.8%,女性样本为 51.2%;工商专业样本为 57.8%,财会专业样本为 17.1%,其他专业(艺术、计算机、统计等)样本为 25.1%。

2. 探索性因子分析

我们按照随机原则,选取 160 个样本进行探索性因子分析,另一部分作为验证性因子分析数据。本研究的初始量表包含 32 个测项,经过因子分析量表保留了 23 个测项。分析结果表明,Cronbach's α 值为 0.862,KMO 值为 0.884,球型 Bartlett 检验的显著性水平的 Sig=0.000(<0.01),MSA 均大于 0.5,此数据说明本问卷适合进行因子分析。经过因子提取,得到了 6 个因子,累计解释了 66.92% 的信息,通过方差最大正交旋转(Varimax)之后的因子及测项如表 2 所示。

3. 验证性因子分析

将各个因子的观测指标按题目特征和相似性进行合并,得到新指标 12 个,即 CFA 模型共有 6 个潜变量,每个潜变量分别有两个测量指标,共 12 个测量指标。在进行模型的匹配和拟合过程中,对模型进行相应的修改,将 6 个因子合并为 5 个因子,对模型进行构建和修正之后,模型的 10 个拟合指数都达到标准。

表 2　正交旋转后因子载荷矩阵

因子	评估问题	载荷	初始特征值	累积方差贡献率(%)
因子1	1. 教师准备的授课资料充分	0.858	3.621	18.323
	2. 教师准备的实验教具充分	0.624		
	3. 教师语言流畅	0.648		
	4. 教师语言有逻辑	0.790		
	5. 教师语言通俗易懂	0.661		
	6. 能够使用多样的教学方法	0.523		
	7. 教学方法适合课程	0.677		
	8. 能够很好把握学生纪律	0.554		
因子2	9. 有积极的学习态度	0.588	2.012	31.332
	10. 能够正确面对自己的错误	0.649		
	11. 能够主动查找外部资料	0.899		
	12. 能够主动与老师沟通	0.500		
	13. 能够准确描述自己的问题	0.611		
	14. 能够清楚自己所要完成的任务	0.515		
	15. 能够培养综合能力	0.747		
	16. 能够提高实践能力	0.793		
因子3	17. 能够主动与同学沟通	0.676	1.703	44.203
	18. 能够与同学进行有效的沟通	0.856		
	19. 能够与其他同学一起完成任务	0.779		
因子4	20. 资料充分完备	0.612	1.563	56.775
	21. 辅助资料充分完备	0.511		
因子5	22. 实验材料发放完全	0.647	1.437	64.129
因子6	23. 能够准确地知道同学的意见	0.522	1.421	70.007
6个因子的总方差贡献率				70.007

4. 量表的信度、效度检验

（1）信度检验。通过计算，5 个维度子量表的 Cronbach'α 为 0.884，达到基本要求，各因子的 α 如表 3 所示。各因子的 α 均在 0.688—0.884 之间，可见量表的信度较好，并对因子进行了命名。

表 3　因子信度检验

因子	因子命名	Cronbach'α
ξ_1	教师能力	0.884
ξ_2	学生动因	0.787
ξ_3	沟通能力	0.795
ξ_4	资源准备	0.845
ξ_5	管理能力	0.688

（2）效度检验。效度包括内容效度、建构效度。首先，本研究的量表是依据以往的研究并结合深度访谈经关键事件整理得到的，并进行再三的讨论和修改，因此该量表有一定的内容效度。其次，建构效度的测量可区分为收敛效度和区分效度。所有因子载荷之 t 值均大于 0.45，表明所有指标在各自计量概念上的因子载荷都在 $p<0.01$ 的显著性水平；且因子大于 0.5，量表具有较高的收敛效度。区分效度判别方法是依据 Fornell 和 Larcher（1981）的判定，经过计算，潜在变量之间的相关系数加减标准误差的两倍不包含 1，潜在变量的共同方差均小于 0.5。因此，数据的区分效度较好。

四、结论

本研究的目的是探讨商科实验教学中互动式教学法的具体应用问题，不仅包括互动式教学法的构成，而且重点解决采用这一方法，如何进行评估的问题，因此，本研究构建了评估教学方法效果的构成维度。通过调研、测量和分析得到如下结论：

第一，互动式教学法在商科仿真实验中的测量构成维度有 5 个，即教师能力、学生动因、沟通能力、资源准备、管理能力。从维度构成来看，对于这一方法的评估主体主要是教师和学生，其中对学生能力的培养十分重要。

第二，传统认为实验教学以学生自主动手为主，但经过本研究证明发现，教师在实验过程中的教学能力依旧十分重要，但与在课堂中的教学能力略有不同，主要体现在实验课程中。教师对实验环节的整体把握及对随机问题的解决能力是学生比较看重的要素。

第三，学生对实验课程的期望也在量表中有所体现，主要表现在学生希望通过实验课程能够有效地提升个人的能力，包括实践能力、沟通能力等。因此，对于学生能力的提升，在实验内容和实验任务的设计方面，可以更为细化和有针对性。

通过本研究，不仅可以提升互动式教学方法在商科实验课程中的应用，为教师提升这一教学方法的能力提供可操作的标准，而且能够将这一方法的评估方式延展到其他教学方法的应用上，为提升商科实验教学水平提供检验的标准。

【参考文献】

[1]DESLAURIERS L, SCHELEW E, WIEMAN C. Improved Learning in a Large Enrollment Physics Class[J]. Science, 332 (6031):862-864.

[2]CLIFF K R, BEVERLEY D M. Incorporating Interactive Teaching Approaches in the Tertiary Science Classroom: Benefits, Challenges and Deterrents to Use in a Jamaican University[J]. Science Journal of Education, 2014, 2(5):146-151.

[3]WILEN, W. Refuting Misconceptions about Classroom Discussion [J]. Social Studies, 2004, 95(1):33-39.

[4]周媛.财经院校运用虚拟商业社会环境(VBSE)开展实践教学模式的探讨[J].长春大学学报,2014(2):270-273.

[5]KENNEWELL, TANNER, JONES, et al. Analysing the Use of Interactive Technology to Implement Interactive Teaching[J]. Journal of Computer Assisted Learning, 2008, 24(1):61-73.

[6] TANNER H, JONES S, KENNEWELL S. Interactive Whiteboards and Pedagogies of Whole Class Teaching[EB/OL]. [2020-12-10]. http://www.merga.net.au/documents/RP832005.pdf.

"互联网＋教育"背景下高校在线开放课程建设的制约因素与发展对策

王雅娟

摘 要："互联网＋"为传统教育模式变革提供了重要的技术支撑，在线开放课程将成为未来教育改革的重要内容。本文从教学理念、经济因素、技术因素、学分认定及教材和受众范围等方面对高校在线开发课程建设的制约因素进行分析，在此基础上从改变教学课程、强化技术培训、加强财力支持、立体化教材体系建设等方面，提出促进高校在线开放课程建设的政策建议。

关键词：在线开放课程；制约因素；对策

一、引言

2015 年 4 月，教育部发布《关于加强高等学校在线开放课程建设应用与管理的意见》，这对我国大规模地推动在线开放课程走上"高校主体、政府支持、社会参与"的中国特色发展道路具有重要意义。目前我国"爱课程网"的"中国大学 MOOC"、武汉大学"在线课程中心"、上海交通大学"好大学在线"及清华大学"学堂在线"等多个高校、互联网企业开发的在线开放课程平台已纷纷上线，促使教学内容、教学方法、教学模式和教学管理体制机制发生了重大变革，也为发展高等教育提供了新的机遇。回顾我国现行教育模式和教学方法，中国教学制度和模式改革虽然取得了一定的成绩，但是，目前的教学模式依然难以适应建设创新型国家、培养高素质与创新型人才的需要。传统的教育思想把传承性教学置于教学的中心位置，偏重于知识传承,教师授课方式较僵化,以讲授知识为主,并尽量忠实于基本教材,难以调动学生的学习积极性、主动性和探索性,使学生缺乏批判思维、想象能力和创新能力。因此,传统的教育模式与当前社会对人才在管理、创新、职业判断,以及社交、沟通、执行等创新能力的强烈需求是严重背离的。要解决这一问题,必须把学生从课堂上解放出来,利用"在线开放课程"改变目前仍然占主流地位的"以教师为中心、以教材为中心和以课堂为中心"的传统教育"三中心"现状,以及"传授知识—接受知识"的传统教学模式。

二、当前推进高校在线开放课程建设的制约因素

相对于传统教育,在线开放课程作为高等教育信息化的一种形式及在线教育的重要延伸,存在诸多优势。在线开放课程能够在更大范围内促使名师等优质教育教学资源为社会所共享。全球各地的学员,只需要一个鼠标、一根网线即可实现专业化知识的获取,同时无须受到时间和空间的限制。在发展过程中,这种新型教育方式也面临着一些因素的制约。

(一)教学理念制约

传统课堂教学模式主要强调"教",以教为主,以学为辅,教师在整个教学活动中强调课堂教学的重要性,学生只需要在课后,根据教师的讲授完成作业即可。在线开放课程充分体现在线学习与课堂学习相结合的"混合式教学"模式:一方面,教师需要根据课程教学内容制作相应的教学视频并设计出相关知识点的小试题;另一方面,学生需要培养自主学习能力,在课前通过观看视频自主学习课程的主要内容,并需要积极参与网上在线课程的小组讨论环节,进一步理解课程的主要知识点,最后在课堂上汇报自我学习成果,教师负责答疑解惑。在线开放课程教学要求实现以课堂教学为主向课内外结合转变,但是长期以来形成的固化的教—学模式在短时间内难以改变,这成为由传统课堂教学模式转向在线开放课程建设的主要障碍。

(二)经济制约

各种类型的在线开放课程,在设计和制作上都有具体的形式要求。在线开放课程作为一种网络课程,首先,要求所有的课程都是集内容、练习、反

馈、讨论、评估为一体的结构设计。其次,要求所有的视频资源呈现出碎片化特征。在线开放课程从资源搜集到视频录制及反馈,都需要投入大量的智力和体力劳动。在线开放课程一旦上线,还需要一定的维护和管理成本来保证在线开放课程的完整建设。整个在线开放课程的建设过程需要投入大量的经济成本,因此,财力往往成为一些院校进行在线开放课程建设的主要障碍。

(三)技术制约

在线开放课程建设的目的是要实现以教为主向以学为主转变,以课堂教学为主向课内外结合转变,以终结性评价为主向以形成性评价为主转变。学生在线学习后会形成学习时间、学习频次、在线讨论、在线测试等丰富的大数据资源。为了保证学生学习的有效性,教师需要对学生学习过程中形成的大数据进行处理与分析,依据不同指标对学生进行分类,针对学生的不同偏好设计异化的教学模块,并能及时为学生的学习提供相应的指导和建议。为此,运用大数据技术对在线开放课程数据进行处理与分析成为其中一项重要技术。

(四)"学分认定"制度制约

获得在线学习学分认定是多数学习者选择在线开放课程的重要原因。目前只有上海交通大学的中文在线开放课程平台"好大学在线"对上海西南片区19所高校的在线开放课程学分进行互认,但其他高校的学习者学习在线开放课程获得的学分能否转换成大学教育下的对应学分,以及在线开放课程提供的证书是否能获得普遍承认还需要一定的制度保障。因此,在线开放课程能否实现"学分认定"成为扩展在线开放课程影响力的重要因素之一。

(五)教材及受众范围制约

在线开放课程是大数据时代的产物,变革了人类的学习方式。在线开放课程是否区别于传统课程的配套教材?与在线开放课程相适应的教材该如何设计?教材在信息技术的推动下,是应变薄还是变厚?这些都是"互联网＋"背景下,构建具有中国特色的在线开放课程体系和课程平台,更新教育观念,优化教学方式,提高教育质量,推动教育改革需要考虑的重要内容。

此外,针对不同的课程,需要合理界定在线开放课程的受众群体只是学生还是包括企业人员及其他社会人士。只有明确界定受众范围,才能在在线开放课程中推动教学模块的差异化,从而提高受众群体的学习效率。

三、优化在线开放课程建设的主要对策

目前我们尚缺少条件,因此需将"在线开放课程"教学模式作为人才培养方案的风向标,通过总结这一教学模式的经验,把人才培养方案的具体改革方案落到实处。拟解决的途径是用典型专业做试点,通过设计具体的激励机制和鼓励措施,充分挖掘和调动采取"在线开放课程"教学模式下的教师的教学潜能,促使他们对教学内容和教学方式进行深入改革,力图探索出一些行之有效的创新型、实效型方法;其次,将学分制改革与"在线开放课程"教学模式有机结合起来,诱发学生强烈的求知欲和学习热情,从而可以实现其积极、主动地学习。通过案例教学,使学生在平等的交流中分享共同研究的成果,发现团队合作的重要性。具体而言,主要体现在如下几个方面。

(一)加大对高端在线开放课程的支持力度

缺乏平台与经济激励是当前一些高校缺乏在线开放课程建设热情的重要因素。为此,建议通过教育部和省教育厅两层机构将在线开放课程建设纳入国家和省市教育教学改革的重要内容中。同时,对获批立项的平台给予必要的经费支持。建立国家和省市两级平台,通过竞争机制激励有能力的高校参与在线开放课程建设,从而提升在线开放课程建设水平,促进传统教育教学模式变革。

(二)改变教学过程

改变教学过程主要体现在三个方面:第一,改变教师角色。教师应该从课程教材的讲解者转变为学生学习文化知识的组织者和引导者,同时在课堂角色中应该摒弃对课堂的控制意识。第二,改变教学方式方法。教师应该从单一的"填鸭式""灌输式"教学方法转变为引导、讨论和合作研究等新型教学方法,充分运用多种方式激发学生的学习热情,提高学生的自主学习能力和创新能力。第三,教师应该积极进行课程资源开发。根据学科特点

和学生需求,积极开发相应课程资源,提高学生对知识的理解能力与拓展能力。

(三)强化教师现代技术能力的培养

在线开放课程时代需要加强教师的现代技术培训。对学校教师、技术与管理及行政人员进行不同层次的全员培训,注重培养教师对计算机的实际操作能力,提高教师设计制作课件与网上操作能力。通过现代技术能力的培养,促进教师将互联网技术密切渗透到日常教学中,从而实现教学的信息化,迎接"在线开放课程"时代的挑战。

(四)创建立体化教材体系

在大数据时代,传统教材难以适应在线课程需求。为了更好地提高学生的学习效率,建议建设立体化教材体系,从而克服现有教材形式单一的缺陷,提高教材的适用性,满足现代学习者的学习要求。立体化教材不仅包括主教材、教师参考书、学习指导书、试题库等,还可以匹配纸介质教科书、音像制品和电子、网络出版物等。并且可以把受欢迎的二维码技术与教材多种资源广泛结合,充分利用网络优势,用快捷的信息识别和反馈机制提高教学质量,促进教学方式改革。

【参考文献】

[1]贺斌.慕课:本质、现状及其展望[J].江苏教育研究,2014(1):3-7.

[2]邓宏钟,李孟军,迟妍,等.慕课发展中的问题探讨[J].科技创新导报,2013(19):212-215.

[3]劳瑞·约翰逊.对于慕课的质疑——在线学习变革引发的社会反响[J].中国教育信息化,2014(1):21-24.

[4]李春,金毅.颠覆抑或融合:慕课与高校传统教学的关系探讨——基于教学设计和教学效果的视角[J].当代教育科学,2015(1):6-9.

[5]曹继军,颜维琦."慕课"来了,中国大学怎么办[N].光明日报,2013-07-16(6).

[6]王秋月."在线开放课程""微课"与"翻转课堂"的实质及其应用[J].上海教育科研,2014(8):15-18.

第二部分　营销专业课程改革实践

YINGXIAO ZHUANYE KECHENG GAIGE SHIJIAN

融合创新视角下专业硕士研究生思政教育模式探索

乜 标

摘　要:文章立足专业硕士研究生培养过程中存在的特殊性,围绕研究、教育、宣传和实践四个维度,构建了专业硕士研究生融合创新的新模式,并结合浙江工商大学工商管理专业硕士(MBA)具体实践过程中六个维度有机融合的实践案例,探索性提出了专业硕士研究生思政教育的创新方向。本研究对于丰富研究生思政教育的理论体系,建立和健全专业硕士研究生思政教育实践模式具有一定的指导意义。

关键词:思政教育;专业硕士;融合创新;工商管理硕士

一、引言

　　研究生教育是我国高等教育人才培养的最高层级,应当坚持"育德"与"育才"的统筹协调(杨晓慧,2018)。思想政治教育是落实立德树人根本任务的重要路径,贯穿教育教学的全过程。"大思政"格局下,研究生的思想政治工作需要因事而化、因时而进、因势而新(习近平,2016),不断提高学生的思想水平、政治觉悟、道德品质、文化素养,让学生成为德才兼备、全面发展的人才(习近平,2017)。

　　研究生思想政治教育是大学生思政教育中相对薄弱的环节,存在着"孤岛"困境、"两张皮"现象等诸多问题(刘燕莉等,2019)。研究生作为特殊性群体,由于其思想的复杂化与个体习惯的差异化,其管理与教育工作本身具有一定的难度(赵军伟、孙晓琼,2018);尤其对于专业硕士研究生,其培养的重点方向是职业实践和应用,研究生精力不足,缺乏参与集体活动的动力(刘超等,2020)。与此相对应的思政教育工作力量比较薄弱,师资队伍配备不足。现行的管理模式下,仅仅依靠研究生职能管理部门专职管理存在不适应性,组织难度大、实施效果差;而研究生密切接触的高校导师受到"科研导向"的考核体系限制,一定程度上容易忽视研究生思政教育的重要性(罗杨子,2015)。传统直白的灌输式授课方式收效甚微,固化单一的思政教育模式容易陷入线性化、形式化与功利化的困境(王茜,2019)。

近年来,在习近平重要论述的引领下,"课程思政"作为一种综合教育理念引导着研究生思政教育的改革实践。"思政课程"引领着政治方向、思想价值和教学方法,而"课程思政"则拓展了师资力量、课程载体和教育资源。王景云(2019)在厘清"思政课程"与"课程思政"逻辑关系的基础上,提出两者互构的实现路径——在办好"思政课程"的基础上,加强"课程思政"顶层设计,构建"课程思政"协同育人模式,健全"课程思政"制度建设。杨晓慧(2018)从总体视角出发,提出系统内外两个层面的五个统筹协调,包括育德与育才、导师思政与政工思政、学校主导与院系主体、自我教育与规范引领及借鉴本科与彰显特质的统筹协调。朱柏铭等(2019)在课程设置上,以教学计划、教师讲解与教学评价"三轴联动"为框架,进行了强化研究生公选课价值引领功能的机制研究,列出部分公选课中的思政"触点",通过学科渗透的途径达到立德树人的目的。方磊(2019)从导学关系着手,以浙江大学"五好"导学团队评选为例,推进了导学关系的实践研究,构建了导师与思政队伍合力育人的机制。课程思政的育人成效最终需要进行教育评估。鄢显俊(2020)构建三维坐标系育人成效逻辑框架图,用以检验教育活动并形成反馈不断促进改进。

基于上述研究,研究生思政教育既要遵循大学生思政教育的一般性规律,也要充分考虑硕士研究生在专业能力培养,以及学制、生源等方面特有的因素,特别是对于具有工作经验、在职进修的专业硕士研究生,如何围绕学员特点,在思政课的标准、内容、方式、载体、过程、评价六个维度进行融合创新,着力解决专业硕士研究生思政教育过程中衡量标准良莠不齐、教育内容底线思维、教育过程简单枯燥、教育评价指标单一等现实问题,弥补专业硕士研究生思政教育的盲区,并提出较为系统的思政模式,具有较强的理论和现实意义。本研究正是根植于地方财经类高校特点,围绕专业硕士思政培养过程中"研究、教育、宣传、实践"四位一体的新时代思政教育思路,构建具有操作价值的专业硕士研究生思政教育运行模式。

二、融合创新下专业硕士研究生思政教育新模式构建

思政教育要推进和发展,光靠一门课程、一个老师是不够的,而是要建立一个更具持久性和生命力的运行模式。这种模式要解决四个问题——教育内容、教育过程、广而告之、知行合一,只有这四个方面有效结合,逐步推进,才能真正发挥思政教育的阵地作用。

(一)教育内容要坚持思政课程与课程思政的有机融合

教育内容上,思政课程与课程思政必须有机结合,而且要将学科发展、研究体制作为支撑,积极探索"大思政"教育格局,明确各门课程都有育人功能。所有教师都承担着育人职责,教师在课堂教学中,必须充分契合专业,以"隐形嵌入"方式将思想引导融入教学。不仅如此,还要把思政教育渗透到学校教育教学的各个环节,让多背景、多学科教师共同参与。例如鼓励有海外求学经历的教师,结合自身经历,通过中西方制度文化对比,引导学生准确把握中国特色;例如发挥学科优势,将专业内容与思政相结合,东方语言文化专业教师讲授中外文化交流,引导学生正确认识时代责任和历史使命;商学院可以将经济、管理相关理论与党史相结合,编写"红色教案",讲授中国道路、中国精神、中国梦;而人文学科则可以指导学生精读哲学原著,加深学生对马克思主义中国化的认识。

(二)教育方式要考虑学生需求与技术发展的有机融合

在教育过程中,要充分思考专业硕士研究生的特点和偏好,进行精心设计。专业硕士研究生具有与一般大学本科生和学术研究生不同的特点,例如他们思想较为成熟,接受过各种系统的思政课程教育,往往具有较为丰富的社会经验,受各类文化的冲击和影响,很多学员是非全日制的在职学生,学习时间很紧张……如果思政课仍局限于"一间教室""50分钟讲授""枯燥

乏味、板起面孔说教",那么一定难以满足教育的需求。特别是在专业硕士学位办学过程中,思政课程的推进要想能够与国内外成熟的知识体系有机融合,就需要选择合适的切入点。对于研究生而言,将中国传统文化与社会主义核心价值观有机结合,用国学的精要诠释社会主义核心价值观的内涵与外延是一个非常值得尝试的思路和方向。国学经典往往篇幅精干、内容翔实而富有亲和力,注重人素质的提升和培养。引入具有亲和力的学者,采用线上、线下相结合的方式,善用春风化雨、润物无声的方式,让思政教育融入青年人的精神血脉中,鼓舞他们伴随新时代的号角,树立起与这个时代主题同心同向的理想信念,是思政教育过程中追求的方向。思政教育的内容必须与时俱进,没有强大的学科支撑和研究平台,思政教育就是"无源之水、无本之木",不具有深度和持续性。因此,思政教育从内容和形式都要围绕学生诉求展开。

(三)宣传过程要强调一次投入与持续产出的有机融合

"广而告之"强调的是思政教育内容和教育绩效的传播机制。《中国教育现代化2035》提出的首要战略任务就是"加强习近平新时代中国特色社会主义思想系统化、学理化、学科化研究阐释,健全习近平新时代中国特色社会主义思想研究成果传播机制",这里就指出了传播机制和宣传系统的重要价值。思政教育的内容和形式都要符合新媒体时代和互联网技术下的宣传规律,要让思政教育"一次投入、持续产出",达到"广而告之"的社会影响力。发挥社会化媒体的有效手段,通过公开平台视频课程、在线公开课、短视频及微信公众号等手段,加大宣传,塑造一批具有时代特征、网络亲和力的青年思政学者和文化传播代言人,形成品牌价值和品牌影响力。

(四)实践环节要注重区域战略与人才需求的有机融合

思政教育的目的是贯彻"立德树人"的教育本质,培养德智体美劳全面发展的社会主义建设者和接班人,必须要有"知行合一"的实践途径和实践方法。专业硕士研究生人才培养的定位要紧跟区域发展战略,立足"长三角一体化""一带一路"及"大湾区发展"等国家区域战略,将人才能力建设和区域文化与发展相融合,培养真正能够深耕细作、品质与能力俱佳的优秀人才。其中与当地知名企业建立"研究生实训实践、党群共建基地",加强校企合作,就是非常有效的举措之一。构筑省属高校与省属企业之间产学互动的双向人才培养平台,助推区域发展,实现"知行合一"。

三、专业硕士研究生六融合实践机制初探——以浙江工商大学 MBA 专业为例

作为一所具有百年历史的地方财经类特色高校,浙江工商大学积极贯彻习近平总书记全国高校思想政治工作会议、全国教育大会、全国思政课程座谈会精神,围绕推动思想政治理论课改革创新,不断增强思政课的思想性、理论性和亲和力、针对性,提出"七个统一"的具体要求,进行了深度思考和系统设计,特别是根植于 15 年 MBA 思政教育探索与实践经验,针对工商管理专业硕士(以下简称 MBA)学员特点,在思政课的标准、内容、方式、载体、过程、评价六个维度进行融合创新,弥补 MBA 等专业硕士思政教育的盲区,并提出较为系统的思政模式,进一步丰富和完善浙江工商大学大思政教育体系,着力打造全国工商管理专业硕士思政教育先行示范。

(一)明确问题:用融合方法系统回答专业硕士思政教育痛点

1. 标准融合和内容融合,解决"学什么""教什么"的问题

与普通研究生相比,MBA 学员具有很强的特殊性,思政教育的针对性就至关重要。MBA 学员拥有 3 年以上的工作经验,在职学习比例较高,心智成熟,接受思政教育的途径也更为多元,而且拥有很强的地域文化属性。因此无论是以 AACSB、EQUIS 和 AMBA 为代表的国际商学院认证体系,还是国内研究生的基础思政课程,都难以满足学员的需求。因此结合考虑中国高质量 MBA 教育认证(CAMEA)标准和国际商学院认证标准,内容上设置中国传统文化与社会主义核心价值观、东方管理学及思政主题讲座三大板块,实现内容有机融合,实现"政治性和学理性相统一,价值性和知识性相统一,建设性和批判性相统一"的新时代思政课程要求。

2. 方式融合和载体融合,解决"怎么学""怎么教"的问题

在新的时代背景下,思政教学不能再墨守成规、照本宣科,要进学生头脑。近年来,浙江工商大学积极探索"大思政"教育格局,以"隐形嵌入"方式

将思想引导融入教学。必须将线下课程与线上视频有机融合，将课堂学习与支部建设、实习实训基地有机融合，在教学方式和学习载体上进行探索创新，实现坚持"理论性和实践性相统一、统一性和多样性相统一"。

3.过程融合和评价融合，解决"怎么样""什么用"的问题

正如前文所论及的，"研究、教育、宣传、实践"四位一体的思政教育模式是一个完整的系统。从入学导向到社会责任学分在内的完整过程融合，这就解决了学员对思政学习价值理解，体现"主导性和主体性相统一、显性教育和隐性教育相统一"，并推动思政教育持续优化和提升。

(二)构建体系：用融合路径有机解决提升专业硕士思政教育水平

浙江工商大学立足专业硕士的特点，结合 MBA 的实践经验，在六个方面形成融合创新的大思政教育系统，如图 1 所示。

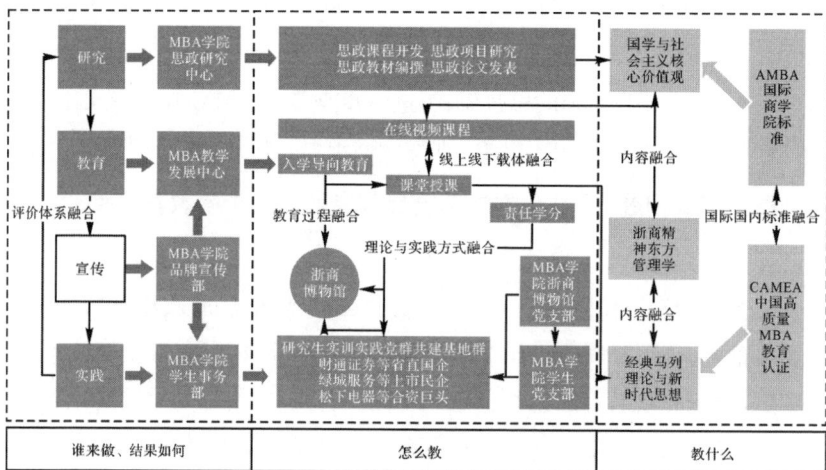

图1 "大思政"教育系统运行机理

(1)国内国外标准融合。MBA 思政教育既要坚持以习近平新时代中国特色社会主义思想为核心，也要积极吸收国际商学精英教育中关于社会责任、企业伦理、可持续发展等国际化的积极因素，聚焦于企业家素质的提升，立足中国实际体现高质量 MBA 内涵式发展。

(2)三大模块内容融合。在思政内容上既要坚持经典马列原理与新时代思想，也要立足 MBA 学员年龄与教育特征，将国学与社会主义核心价值

观作为教育的主要内容,同时彰显中国管理智慧,引入《东方管理学》精华部分。这完全符合习近平总书记提出的思政课要贯彻"三个文化",即中华民族几千年来形成了博大精深的优秀传统文化,我们党带领人民在革命、建设、改革过程中锻造的革命文化和社会主义先进文化的要求。

(3)线上线下载体融合。通过不断努力和积累,通过课题资助、价值共创等模式,充分体现互联网时代思政教育的新特点、新要求,建立微课短视频平台,诠释国学与社会主义核心价值观,发挥课堂专家讲解、互动讨论与线上平台互动的互补优势,让思政课春风化雨。

(4)理论与实践相融合。除了思政课程,还与党建、研究生实习实训基地有机结合,建立了以浙商博物馆为核心的实践基地群,注重知行合一,确保思政课程效果。学院先后与浙江物产、绿城服务、新农发等省内知名企业建立"研究生实训实践、党群共建基地",加强校企合作。

(5)教育过程有机融合。MBA学院入学的第一课就是参观浙商博物馆,理解浙商精神,这奠定了思政的文化基础。后期的思政课程、课程思政及社会责任学分、社会实践等活动,让思政的教育过程有机融合。

(6)构建系统融合的主体责任机制。学院在学校研究生院的领导和指导下,建立了思政研究中心,聘请专家学者进行课程、教材的开发;立足教学发展中心推进思政教育,设立品牌宣传部负责宣传推进;学生事务部负责实践环节的开展,有标准,有主体责任,最终确保思政教育处于质量管理逻辑闭环中。

(三)现实成效:专业硕士思政培养的系统提升

经过不断摸索与实践,融合创新下的浙江工商大学专业硕士思政培养模式是切实推进"立德树人"教育理念,贯彻全国高校思想政治工作会议、全国教育大会及学校思想政治理论课教师座谈会精神的重要体现,是浙江工商大学大思政教育体系的重要组成部分,推广至今已经取得了较为突出的成果,具体表现为以下三个方面。

1. 从被动学到主动学,思政课程学生满意度高

通过学习内容的融合创新、学习方式的多样性,思政不再是MBA学员的硬性任务,而是成为学习的重要载体。除了校内课堂持续提升的满意度,

在线视频的观看和点击率、校内外主题党日的学习与开展,校企互动的思政学习讨论都成为各个学员争相参与的热门活动。除常规思政课外,思想政治教育被赋予新的含义和形式,"线下课堂""时事评论教学法"等形式的教学手段,增强了思政教育的时代感、说服力和感染力。

2.从教学到科研,思政内容成为重要的专业建设内容

学校组织出版了《中国价值——中国传统文化与社会主义核心价值观》并成为畅销书;再版了《东方管理学》,并将其翻译成多国语言在全球传播。"基于红色精神案例的领导力课程思政建设研究""国学与社会核心价值观微课平台建设——MBA学院人文素养模块'课程思政'课堂创新"获得专项资助,形成后期思政教育的积淀和底蕴。

3.全面提升内涵式教育水平,获得学界和实务界的普遍认可

在良好的思政教育支撑下,MBA项目先后获得中国教育部学位与研究生教育发展中心的中国高质量MBA教育认证(CAMEA)和英国工商管理硕士协会(Association of MBAs)认证,思政教育在人才培养和专业特色凝练过程中起到的内涵作用,获得了国内外同行的认可。与此同时,我校加强校企合作,构筑省属高校与省属企业之间产学互动的双向人才培养平台,塑造"梧桐工程",助推浙江省的"凤凰行动",得到了企业高度认可。

四、研究结论与展望

无论从生源特征、培养模式,还是认证标准来看,专业硕士研究生思政教育都有着非常强的特殊性,如何面对心智成熟、思政教育底蕴较深、社会阅历丰富的群体开展有效的思政教育,成为高校思政专业建设始终需要关注的问题。在思政教育的体系设计上,要充分体现思政教育的政治性和学理性相统一、价值性和知识性相统一、建设性和批判性相统一、理论性和实践性相统一、统一性和多样性相统一、主导性和主体性相统一、显性教育和隐性教育相统一的基本原则,要从教育主体、教育内容、教育方式、教育过程、教育评价等多维度进行构建,具有体系的完备性和系统的有机性。本研究立足地方财经类高校的商科专业硕士培养,提出了一个值得探索的思路;如何能够形成具有一般性和可复制性的有机模式,以及如何通过有效科学方式对

教育的全过程形成有效的检验和优化,是后期值得持续关注的方向。

【参考文献】

[1]杨晓慧.论研究生思想政治工作的"五个统筹协调"[J].思想理论教育导刊,2018(5):139-145.

[2]习近平.把思想政治工作贯穿教育教学全过程,开创我国高等教育事业发展新局面[N].人民日报.2016-12-09(1).

[3]习近平.习近平谈治国理政(第2卷)[M].北京:外文出版社,2017:377-378.

[4]刘燕莉,李浩野,陆涛."思政融通"——思政教育新模式研究与实践[J].研究生教育研究,2019(4):57-63.

[5]赵军伟,孙晓琼.基于导师团队的研究生思政教育机制培养模式新论[J].河北师范大学学报(教育科学版),2018(3):99-103.

[6]刘超,付玉,吴江,等.思政工作提高医学专硕研究生培养质量的研究[J].继续医学教育,2020(2):44-46.

[7]罗杨子.导师责任制下的研究生思想政治教育工作[J].新西部(理论版),2015(23):121-122.

[8]王茜."课程思政"融入研究生课程体系初探[J].研究生教育研究,2019(4):64-75.

[9]王景云.论"思政课程"与"课程思政"的逻辑互构[J].马克思主义与现实,2019(6):186-191.

[10]朱柏铭,张荣祥,王晓莹,等.强化研究生公选课"价值引领"功能的机制研究——以教学计划、教师讲解与教学评价"三轴联动"为框架[J].学位与研究生教育,2019(10):2-7.

[11]方磊.推进导学关系实践研究——以浙江大学"五好"导学团队评选为例[J].学位与研究生教育,2019(7):31-35.

[12]鄢显俊.论高校"课程思政"的"思政元素"、实践误区及教育评估[J].思想教育研究,2020(2):88-92.

基于创业生态系统视角的高校创业教育探索：
理念变革、模型构建与实施路径

易开刚　厉飞芹

摘　要：面对当前大学生创业成功率不高的现实，迫切需要重新审视高校创业教育的目的与定位，转变创业教育价值理念，构建以高校创业教育为基础的创业生态系统，正视创业教育价值，营造良好创业氛围；健全创业教育体制，搭建创业教育平台；对接社会创业需求，释放创业学生活力；加强专业教育与创业教育融合，开辟创业教育课程。通过构建良性的创业生态系统，为大学生创业营造良好的氛围与环境。

关键词：创业生态系统；高校创业教育；理念；模型；路径

随着就业形式的日益多元化，创业正成为越来越多人士创造财富、实现自我价值的重要途径。其中，大学生是组成创业群体的重要部分，是推动创业浪潮的生力军。然而，不可否认的是，当前大学生创业成功的比率非常低。创业是一个过程，需要包括高校、政府、行业企业、服务机构等多元主体在内的"创业生态系统"提供的多种支持。尤其对大学生创业活动而言，不仅需要经历新创企业在生命周期各个阶段的瓶颈与问题，更会遭遇由于创业经验不足、创业技能不佳、创业毅力不强、创业资源不够等问题引发的多重危机。因此，大学生创业者与社会创业者相比，更需要丰富的创业知识与技能，需要坚定的创业意愿与精神，需要创业生态系统赋予的资源与机会。作为大学生创业思维的萌芽地、创业项目的孵化园，以及对接社会需求和创业活动的平台，高校无疑在大学生创业生态系统中承担着引导型角色，其创业教育发挥着基础性作用。面对当前大学生创业成功率不高的现实,迫切需要重新审视高校创业教育的目的与定位,转变创业教育"可有可无"的普遍性思维,构建以高校创业教育为基础的创业生态系统,创新符合大学生需求的创业教育模式。

一、基于创业生态系统视角的高校创业教育定位思考

自 Colin(1989)在"面向 21 世纪国际研讨会"上首次提出将创业教育作为"第三本教育护照"的理念后,创业教育越来越为教育界所重视。我国政府部门不遗余力地鼓励学生创业、加强创业管理,并相继出台了一系列政策措施。2010 年,教育部 3 号文件《教育部关于大力推进高等学校创新创业教育和大学生自主创业工作的意见》指出,"高校要加快开展创新创业教育,积极鼓励学生自主创业"。值得注意的是,国内创业教育虽已取得一定成效,但仍存在缺位、错位等显著问题。在思想观念上,创业教育存在"主体纯粹化、目的功利化、认知过度化"困境;在实际操作上,教育课程、"第二课堂"、管理制度等方面都存在着发展的制约因素;在学术研究上,"研究内容表层化、研究队伍兼职化、研究方法单一化"等问题尚未得到有效解决(周霖,朱贺玲,2010)。面对创业教育的诸多问题,当前的首要工作是重新审视高校创业教育的出发点,科学定位创业教育的真正目的。创业教育的定位关系到创业教育应朝着构建一门系统的学科的方向发展,还是朝着向所有学生提供创业教育机会的全校性方向发展的问题(梅伟惠,2012)。高校创业教育不是独立的模块,其定位必须综合考虑创业教育的内涵本质、大学生的创业需求及创业生态系统这三大要素。

(一)从创业教育的内涵本质看

创业教育是提供个人具备认知商业机会能力的过程,并使其具备创业行动所需的洞察力、自信、知识与技能(Colin J,Jack E,2004)。从较为广义的概念上理解,创业教育是一种素质教育,其目的在于向更多主体传递创业的精神、知识和技能;从较为狭隘的概念上理解,创业教育是一种人才教育,其目的在于培养具有综合性创业素养的创业者或未来企业家。由此可见,

高校创业教育的本质是在学校的引导下,培养具有创新精神且对社会有用的人才,尤其是创新创业型人才;创业教育的重点在于培养将才,即具备执行力,能将理想转变为现实的人才。从这个角度理解,衡量创业教育绩效的关键不在于高校孵化了多少创业项目,也不在于引导创业企业创造了多少产值,而是高校通过创业教育传播了多少创业理念,激发了多少创业意愿,培养了多少具有创造价值的创业型人才。

(二)从大学生的内在创业需求看

多样的需求决定了高校创业教育的内容和方式。需求虽然呈现动态、复合的变化趋势,但每一阶段都会有一种需求成为主导。因此,从创业活动的周期看,大学生的创业需求仍然有规律可循,高校的创业教育必须根据每一阶段的需求特征进行合理的内容设置和服务提供。在创业活动的孕育期,学生的最大困境在于如何从纷繁的市场信息中有效识别"想做、能做、可做"的创业机会,因此需要高校为学生树立正确的创业价值观,引导学生走出"创业妄想症",帮助其合理定位创业方向。在初创期,学生的困境在于如何摆脱生存困境,寻找到合适的创业团队和资源,将创业意愿落实为有效行动,因此需要高校提供必要的场所、资金、技术及人才支持。在成长期,学生的困境在于如何将创业模式稳固化,将项目规模扩大化以实现经济效益,高校应为学生搭建信息、资金、政策的平台,帮助其制定科学的发展战略。在成熟期,学生的困境在于如何突破成功的僵化瓶颈,真正将创业项目发展成企业经营,因此高校应该做好全方位的管理支持。

(三)从创业生态系统的角色功能看

高校应该明确在系统中的角色定位,最大化自身的存在价值。创业生态系统可以分为三个层次:一是微观层面的创业战略和创业支持要素(包括高校、投资机构、孵化器、供应商、竞争者等微观组成单位);二是中观层面的创业网络,是对微观支持要素的有机整合;三是宏观层面的创业环境,是包括金融环境、激励政策、舆论氛围等要素在内的支持创业活动存在和发展的外部环境(林嵩,2011)。显然,在该系统中,高校不仅仅是创业教育及实践的中心,承担着教育创业理念传播、创业知识传授的任务;也不仅仅是创新思想的策源地,发挥创业平台、试验场、孵化器作用(杨利军,2011);更应该将高校置身于创业活动的全过程,置身于创业生态系统发端的中心位置,成为创业方向的引导者、创业资源的整合者、创业平台的搭建者、创新信息的输送者、创业活动的管理者。对接大学生创业活动和社会需求,培养大学生创业者成为成熟的职业创业者。

由此可见,高校创业教育的重心不在于培养了多少大企业,而在于培养了多少创新创业型人才;而创业教育的核心在于培养大学生的创业精神,培养大学生理论与实践兼备的综合创业素养。大学创新创业教育的内在规定性需要高校、政府、企业形成合力(董世洪、龚山平,2010)。因此,在创业生态系统中,高校要充分发挥引导作用,尤其在大学生创业初期,要协同多元主体,以培养具有综合创业素养的创业型人才为核心,创新创业教育的理念、内容与方法,整合资源、搭建平台、沟通信息、加强管理,为大学生每一阶段的创业活动提供必要支持。

二、基于创业生态系统视角的高校创业教育理念变革

当前,国内诸多高校仍然对"创业是否可教"存在质疑,从而忽视了创业教育的软硬件投入,忽视了创业教育与社会网络的对接,忽视了创业教育与专业教育的融合,由此导致创业教育"呼应口号、流于形式",严重制约了创业教育的效果。因此,在创业教育定位指导下,高校必须首先将自身置于创业教育生态系统中,置于创业活动周期的全过程中,转变价值理念,变创业价值"可有可无"为"不可或缺"(见图1)。

(一)从价值追求看,应由"知识本位"型转向"能力本位"型

目前,高校创业教育的最大问题是功利主义的价值倾向(许进,2008)。高校首先要突破创业教育的价值困境,改变"创业万能论"或"创业无能论"的错误观点。其价值困境主要表现在两方面:一是尚未明确开展创业教育的价值与必要性;二是尚未帮助学生厘清创业的真正价值。部分高校过分夸大创业的意义,难以把握专业教育和创业教育之间的平衡,导致教学体系偏离了专业培养的基础。同时,一些学生往往容易被一两次的创业讲座点燃创业热情,在尚未深入了解创业的本质和规律,尚未具备创业知识与技能

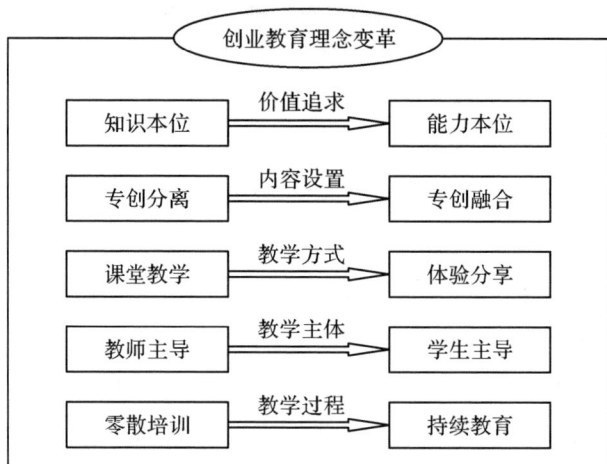

图 1　高校创业教育的理念变革路径

的情况下,过早地脱离专业课程学习转而投入创业实践。由此导致学校课堂中,学生缺课逃课去创业的普遍现象。另一方面,部分学校在创业、考研、考公、就业等方面存在风险与价值的博弈困境,往往忽视了创业教育的重要作用,将创业教育"形式化"。显然,创业存在较多风险和不确定要素,对一些更为关注"就业率"指标或者求稳的学校而言,自然地倾向于鼓励大学生去选择考研、考公等较为稳妥且社会认可度高的就业方式。由此导致校园内部的创业氛围并不浓厚,大学生缺乏创业的意识与理念。因此,高校创业教育必须更新观念,从"知识本位"走向"能力本位",着力培养具有国际视野、创新思维、健全人格和综合能力的高素质创业人才。

(二)从内容设置上看,应由"专创分离"型转向"专创融合"型

高校要突破的是创业教育的内容困境,改变将创业教育与专业教育孤立或者等同的错误理念,加强两者之间的有机融合。创业本质上是"一个以既定目标为方向的动态过程,在这个过程之中,个人将富有创造性的思维与市场潜在的需求或机遇相结合,运用管理和组织的能力,获取和整合资源的能力,以及适应环境的能力,并承担因此而产生的各种不同类型的风险,以达到所希冀的目标"。由此可见,一个合格的创业者应该具备两大素质:创业技能与创业精神。首先,当前高校在创业教育过程中往往过于强调创业技能的培养而忽视创业精神的引导,导致教育内容偏于"务实化",缺乏对大学生意志品质的重视和培养。其次,诸多高校尚未明确创业教育和专业教育的差异,或将两者对立,导致有创业意愿的学生忽视专业知识的积累,盲目创业;或将两者等同,在课程设置、教育内容上出现重复,导致大学生掌握不到真正的创业知识。由此可见,创业教育内容的设置必须系统、全面、科学、合理,且有针对性。高校需要结合自身定位,重新思考创业教育的详细内容,有机实现学科交叉,尤其是加强创业教育与专业教育的有机融合。

(三)从教学方式看,应由"课堂教学"型转向"体验分享"型

高校需要突破创业教育的方法困境,改变当前囿于课程教学的固定模式,加强教学手段的创新,改变"点到为止"或"流于形式"的现状。创业型人才不仅要懂理论,更要会实践。创业者需要具备较强的管理能力。管理对象的复杂性和管理环境的多变性决定了运用管理知识的技巧性、灵活性和创造性。仅靠学校的理论教学培养不出"合格"管理者。创业教育需要加大实践教学的比重和投入,让学生理论联系实际,在实践中获得隐默知识,进一步提高学生分析问题和解决问题的能力。这样,老师就变成了教练,不仅具备知识传播功能,还能指导学生进行创造性思维,分享各自的心得和体会,创造性地解决现实中碰到的问题。从单向的创业知识传播到互动的创业经验分享,使得创业教育的学习过程走出课堂的空间囿限,打破45分钟的时间限制,给予学生更多接近"教练"、接近创业实际的机会,从而利于形成校园内浓厚的创新创业文化氛围。同时,创业教育的教学方式需要多元化,在遵循普遍性模式的基础上,结合高校自身的特色创新出适合学生、适合教师的品牌教育模式。

(四)从教学主体上看,应由"教师主导"型转向"学生主导"型

创业型人才强调自主学习、决策和负责意识,能够自主把握学习的机会与节奏,结合实践过程中所面临的问题,通过系统的理论知识的学习和研究进行科学的决策。教师角色重在"激发学生潜力和能力"而非"传授知识"。创业教育模式必须将学生置于更为重要的地位,充分发挥其积极性、创造性和主动性,变"让学生学"为"学生自觉学",变被动机械式学习为主动创造型学习,实现学习的主动、实时与交互。当然,这样的变革对教师提出了更高要求,考核教师教学质量和学生综合素质的手段、方式、方法都将发生相应的变化,高校应当加强相应的考核方式创新。此外,从教师主导型向学生主导型的转变,要求学校更加关注学生的需求,客观冷静地判断学生对创业的观念和理解,有效甄别不同学生对创业的阶段性需求和创业类型;同时,能够根据创业的规律和周期特性,给予学生不同阶段的特殊指导,提升学生面对创业逆境的技能和心智。

(五)从教学过程上看,应由"零散培训"型转向"持续教育"型

创业是一个不为时间所限的过程,由此需要创业教育的持续追踪和影响。培养一个专业过硬、职业素养全面的创业型人才是一个长期持续的过程。目前,在诸多学校内,专业教育和创业教育同时进行,通常以专业教育为主、创业教育为辅。因此,大部分学生接受创业教育的方式主要是短期项目培训。这些短期培训项目往往"重术轻道""重财富创造,轻财富支配",呈现零散、非系统状态,容易忽视学员的道德修炼和人格成长,也缺乏持续、有效的连续性教育过程。这在一定程度上造成创业教育的间断性和片面性,无法使学生获得全方位、全过程的创业教育体验。因此,需要在教育过程中导入一个长期持续的学习实践过程,加强整个创业教育过程的连续性和相关性,通过以创业知识和技能为主题的系列教育课程与活动,强化学生的创业意识,使得学生将创业知识在具体实践中体验、反思并内化为自己的素养和人格。

三、基于创业生态系统视角的高校创业教育模型构建

创业教育新理念的落实,需要包括高校在内的创业生态系统的共同支持(见图2)。创业生态系统由众多功能互补且密切联系的项目与中心、学生团体和创业课程等要素共同组成(刘林青、夏清华、周潞,2009)。在大学生创业活动初期,高校要积极发挥在创业生态系统中的引导作用,既发挥基础性的创业教育作用,启蒙学生创业意识,引领创业价值观,传播创新创业理念,又借由高校平台整合创业生态系统内的各个主体、各项资源,为大学生创业提供最适宜的环境。

(一)以高校创业教育为基础的创业生态系统构成

如图2所示,大学生创业生态系统主要由以下主体构成:高校、大学生创业群落、服务支持机构(政策服务、金融服务、信息服务、技术服务等机构)、行业上下游组织(供应商、销售商、行业领头企业、竞争者等)、消费者群体。在该系统中,高校既是基础教育的中心,通过创业课程与实训为学生传递创业的知识技能,也是资源整合的中心,积极对接整合社会资源和需求,做好创业教育的培训宣传、项目评估、基金管理、创业顾问等工作,为学生营造良好的创业环境。在此过程中,围绕以资源为核心,高校协同创业生态系统中的其他主体,主要发挥以下两大功能。

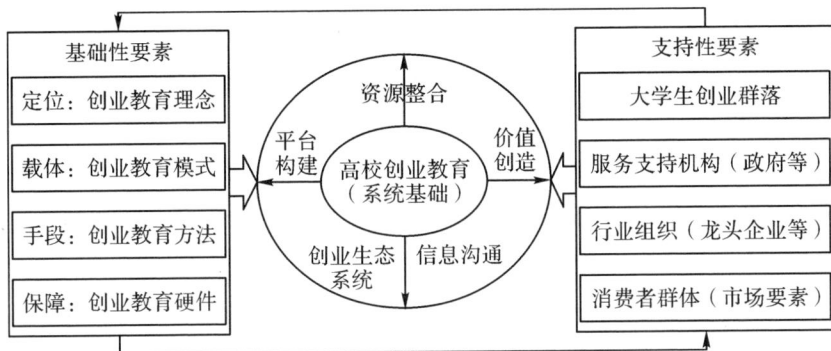

图2　基于创业生态系统的高校创业教育理论模型

1.创业生态系统提供基础性资源

创业教育是过程式教育,需要学校在理念、方法、模式、设施等方面进行全方位、全过程投入。其中,创业教育理念是顶层设计,需要包括全体教职工与学生在内的全员理念重树和更新,重视创业经验与文化的迭代累积,重视创业理念与创业行为的有效对接。创业教育模式是载体,是将教育内容传播与泛化的平台和渠道,重视大学生创业需求的发现和创业实际能力的培养,重视教育模式的借鉴与创新。创业教育方法是手段,是将创业知识和技能传授给大学生的方法和路径,重视教学过程中的互动性与针对性,重视创业活动开展后的关注与指导。创业教育硬件设施投入是保障,是学生模拟创业活动的实训载体,也是学生开展创业项目的组织依托,重视创业活动基地的建设,为学生提供一个"转角即可遇到"的便利场所。由此可见,创业教育需要渗透到"前期教学"和"后续指导"的全过程中,以全方位提升学生的创业执行力。根据"选苗＋育苗＋护苗＋助苗＝优秀创业型人才"的过程式,塑造抗压力、践行力、自组织力强的有效创业人才。

2. 创业生态系统整合支持性资源

创业教育通过高校提供的基础性资源得以保障外,还需要创业生态系统中其他主体提供的资源支持。其中,高校作为大学生创业活动与社会环境的对接平台,自然发挥了资源整合、平台构建、信息沟通、价值创造等多重功能。在大学生创业生态系统中,创业群落发挥着集群效应,一方面吸引着有相同创业意愿的大学生来学习模仿,另一方面不同创业群体之间共享信息和平台,形成更为强大的资金、技术吸引力和辐射力。服务支持机构包括政府部门、风险投资机构等金融部门、科研机构、校友、学生团体、创业型社会组织等多个主体,为创业生态系统注入政策支持、资金支持、技术支持、信息支持等。需要注意的是,高校不仅需要为大学生积极开拓资源的获取渠道,而且要严格把关各类信息与资源,减少大学生在资源利用过程中的风险,同时需要统一资源信息获取的口径,设立专门的部门为学生提供该方面的咨询和对接。其中,特别需要发挥创业型社会组织的协调作用,例如中国大学生创业协会联盟等组织协助高校做好创业教育工作。当前,政府已出台多项政策性支持,包括项目启动资金、税收优惠、创业基地等,这些信息应该有效传递给大学生创业者。同时,在当前风险投资机构、银行等部门不愿过多投资大学生创业项目的现实情况下,高校有必要一方面培养学生的财务管理能力和资金拓展能力,另一方面做好与金融机构的沟通工作,鼓励银行等创新大学生贷款业务。此外,行业上下游组织同样为大学生创业提供各项必要资源,一方面是行业的市场信息、运营经验,另一方面为大学生创业组织提供原材料供应、销售渠道拓展等资源。特别需要指出的是,当前行业领头企业尚未充分发挥引导、扶持作用,高校应该充分做好与这些企业的对接工作。消费者群体则是创业组织的市场需求基础。为避免大学生创业的盲目性,高校需要为大学生做好创业方向引导、创业项目评估等工作,从源头上减少大学生创业活动的风险性。

(二)以高校创业教育为基础的创业生态系统机制创新

创业生态系统以高校创业教育为基础,通过资源整合机制、风险共担机制、价值创造机制发挥自组织能力,推动创业活动的开展。在此系统中,高校要充分应用并创新以下机制,为大学生搭建创业教育的学习平台、信息平台、项目孵化平台和团队平台。

1.创业生态系统的资源整合机制

大学生创业活动的顺利开展需要来自高校基础性要素和外部环境支持性要素所提供的各类资源。创业生态系统的资源整合机制使得各个主体所提供的独立、分散的资源能够汇聚在一起,并以一个系统化整体呈现出来,服务于大学生创业活动中各个阶段的不同需求。因此,创业生态系统存在的首要作用就是服务于大学生创业组织,而资源整合机制需要通过高校这一平台充分发挥作用,对接大学生的创业需求和系统资源。在创业活动的孕育、诞生、成长、成熟等不同发展阶段,大学生对创业信息、创业资金、创业技术呈现不同程度的需求。尤其是刚准备创业的大学生或者初创企业,往往缺乏规范经营的创业经验、技能及客户等重要资源。一个健全的创业生态系统能够提供多方面的资源支持和问题解决方案。由政府部门、风险投资、行业协会、孵化机构、上下游组织等不同主体及外部创业环境所构成的综合性系统,能够汇聚多元化的资源,通过创业生态系统内部稳定有序的流动机制,借由高校平台将资源以一定的规律和比例汇集到创业活动上,从而保证新创企业的良性成长。

2.创业生态系统的风险共担机制

创业活动是一个系统过程,不同环节均可能存在着创业失败的潜在危机,创业生态系统的风险共担机制使得风险因子得以化解。创业风险的预防和处理需要依赖系统的沟通协调。与自然环境中的生态系统一样,创业生态系统同样需要维持"生态平衡"。在创业生态系统的情境中,其生态平衡是指大学生创业活动的发展及与外部环境之间的交流和联系达到的一种稳定状况。在这种平衡状态下,一定范围内创业群落里的创业活动呈现出稳定发展的整体特征,创业生态系统内部的资源整合机制和价值创造机制也始终稳定运行,这是一种有益于创业活动发展的良性环境(林嵩,2011)。创业生态系统要维持平衡,必须依托于系统内部的沟通协调机制,这是系统环境、系统主体、创业网络与创业活动在复杂的互动联系中发展衍生出来的自发协调机制。如果在特定环境下某一主体退出创业生态系统(例如由于市场竞争淘汰了部分上下游企业），市场交易的竞争机制就会催生出新的组织机构，来弥补系统里的职能空缺。同时，创业生态系统里各主体间也存在信息隔阂和利益冲突。这就需要高校作为中心发挥沟通协调的作用，帮助大学生创业组织在纷繁的市场信息中获取有用信息，并协调创业组织与各主体之间的沟通和利益，保持整合系统的平衡发展。

3. 创业生态系统的价值创造机制

创业生态系统本身是一条围绕以创业活动为中心的价值链，其存在的最大作用是协同各方创造价值。因此，创业生态系统在保障大学生创业活动发展的同时，也在积极促进系统内部其他主体的发展，在每个环节创造价值。这个价值创造过程依托于各个主体之间的互动合作。正如在自然生态系统中，各要素之间依靠对方汲取养分，通过食物链有机连接在一起。创业生态系统内部各主体也是通过价值创造和价值交换凝结在一起。价值创造机制为创业生态系统内不同主体带来相应的信息、物质和资源。在外部组织为大学生创业活动提供资源的同时，新创企业也在用不同的形式回馈系统。事实上，这些外部组织与创业活动之间的联系是价值的传递和转换，这种双向的互动联系实现了各方的多赢。正如波特的价值链模型显示的，企业的整个生产运营过程可以分为基础性和辅助性多个价值环节，这些价值环节形成了企业独特的价值链。将价值链置于创业生态系统的情境中，可以发现大学生识别创业机会、开发创新项目、实现市场成长的过程，同时也是不断与外部组织交换价值的过程。这一过程以创业活动为中心进行整合，最终形成创业生态系统内部的价值网络，从而维系整个创业生态系统的运转。高校在这一过程中，要做好价值交换的协调工作。

从整体上看，创业生态系统的资源整合、风险共担、价值创造机制三者之间互相补充促进。在此过程中，高校必须发挥机制的创新维护作用，通过整合各方资源，沟通协调各主体的信息和利益，让大学生创业活动真正创造价值，也使其他主体价值最大化。

四、基于创业生态系统视角的高校创业教育实现路径

创业教育是一项系统工程，创业型人才的培养需要创业生态系统中所

有成员的通力合作。以高校为主导,各个主体需要明确在创业教育过程中的角色定位,配合学校做好创业教育目标定位、组织构建、平台建设、体制完善、课程创新工作。通过各个模块的有机搭配与合作,提高创业型人才培养的效率与效益。

(一)正视创业教育价值,营造良好创业氛围

高校首先要正视创业教育的重要意义,在理念上从"可有可无"转为"不可或缺"。明确创业教育的目标:培养创业精神、健全创业心理、丰富创业知识、提高创业能力(李时椿、常建坤、杨怡,2000)。此外,多元主体要共同营造良好的创业文化氛围:首先,政府要充分发挥引导和协调作用,给予创业者大量政策支持和资金支持;其次,社会组织或企业应营造良好的创业氛围,支持鼓励大学生创业,传授并互相交流创业经验,以此充分激发大学生的创业热情,提高大学生创业的成功率;最后,高校、家庭必须大力支持大学生创业,比如制定鼓励大学生创业的有关政策和制度,激发大学生的创业精神和动力,设立相关创业基金并提供经费上的支持,同时,家庭应注重培养学生的创业观念和创业精神,全方位营造良好的创业环境。此外,大学生作为创业的主要执行者,其自身综合素质至关重要。高校创业教育需要注重学生在综合思维方面的训练和培养,打造各类丰富学生校园生活、增加经验和知识的平台,鼓励大学生参与多元化的活动,在参与各项竞赛和活动的过程中,学会分析利弊,把握时机,注重团队协作与和谐。参与各项活动对提升大学生综合素质具有重要作用,不仅能锻炼大学生与人相处的能力,而且能塑造其思维的缜密性、多样性,有利于大学生全方位了解创业中存在的瓶颈、机遇与威胁,构建和谐的创业人际关系网络。

(二)健全创业教育体制,搭建创业教育平台

在创业教育目标指引下,高校要协同政府、企业等组织加快完善多项运作机制,建立学分制、休学制、转学制等弹性学制;建立健全创业教育的激励制度、评价体系和考核制度,在学分平台上逐步实现主修制、辅修制、重修制、选修制等教育制度。同时,要设立创业教育委员会,推动创业教育制度的落实,依托大学生社团和校友会等组织,做好创业教育的研究、培训宣传、项目评估、基金管理、创业顾问等工作。此外,要加强创业教育的基础设施建设,搭建创业教育的学习平台(教室、实验室、活动室等)、信息平台(市场与政策信息、技术专利信息、兼职实习信息等)、项目孵化平台(学校孵化器、社会孵化器)、团队平台(高校内跨专业团队、高校间合作团队、高校与企业间合作团队)。例如宁波大学引入"平台—模块—窗口"创业教育模式。该模式是一种基于学生自主选择,采用"创新创业人才教育"和"创新创业团队培育"两阶段,创业素质培养平台、创业技能提升模块和创业实习实践窗口三层次结构的新型教育模式(李政、唐绍祥,2011)。总之,高校要充分发挥自身办学优势、地区优势,整合创业生态系统中的各主体资源,为大学生搭建可获得性高的创业平台。

(三)加强专创教育融合,创新创业教育课程

高校要加强创业教育和专业教育的平衡与融合,把创业教育理念和内容融入专业教学主渠道的教学计划设置、教学内容更新、教学方法改革、教学管理建设等环节。在创业教育课程内容设置方面,可以按照创业的流程来设计,形成包含创业意义、创业者、创业机会识别、创业计划与资源需求、企业成长等理论教学和创业成功经验、创业失败教训、模拟创业等实践教学的创业教育内容体系(胡宝华、唐绍祥,2010)。同时,加强教学内容和教学方式的改革,改变单一的理论授课方式,处理好课堂教学与网络教学、第一课堂与第二课堂、理论教学与实践教学之间的关系,提高实验、实习和社会实践在课程体系中的比重,重视对大学生创新、创造和创业精神的培养。在专创融入模式和策略方面,可以根据高校特点设立课程建设模式、课堂嵌入模式和专业实践模式,选择适宜的发展路径,构建有效的教学方式,转变专业教师的角色,健全辅助的联动机制,促进创业教育与专业教育的结构性融合、功能性融合、感知性融合和长效性融合(曾尔雷,2010)。此外,要重点做好创业教育课程体系设计工作,分块进行课程完善与创新,如:学科课程教育模块(围绕创业过程设置课程内容,学科交叉实现"1+n"形式)、活动课程教育(科技创新活动体系、学生课外创新竞赛体系)、实践课程教育(模拟实验型实践、直接操作型实践)(木志荣,2006)。

(四)对接社会创业需求,释放创业学生活力

高校在引导学生创业过程中,必须以社会需求为导向,充分对接社会需

求和社会资源,提升学生创业项目的可行性和实用性。同时,要帮助大学生辨识社会创业过程中的风险和危机。为此,必须协助学生掌握创业的基本步骤和规律:树立创业意识——识别创业机会——组建创业团队——编写创业计划书——企业孵化与设立——企业成长发展。在创业过程中,学生会经历从"产品研发阶段"到"产品复制阶段"的过渡,该过渡期同时也是问题多发期。学校要协同行业领头企业、政府部门帮助学生突破该阶段的多种瓶颈,尤其要发挥行业企业的引导作用,与学生共享创业经验,避免该过程中的陷阱和误区。例如温州大学面向不同类型的学生需求和社会需求开展创业教育,多渠道开展创业实践,以课程体系、教学方法、师资队伍、考核方法、质量监控等方面改革为突破口,探索推进创业教育的新路径,强调应实现从"提高就业率"向"提升就业层次"、从"粗放式"的创业实践教育向培养"专业+创业"复合型人才、从培养"自主创业者"为主向培养"岗位创业者"为主的转变(黄兆信、曾尔雷、施永川,2011)。此外,风险投资机构、银行等组织要加大对学生创业项目的金融支持,充分释放高校内创业学生的活力和创造力,帮助学生成为职业创业者。

【参考文献】

[1]周霖,朱贺玲.试析我国高校创业教育的主要问题[J].现代科学教育,2010(5):90-93.

[2]梅伟惠.创业人才培养新视域:全校性创业教育理论与实践[J].教育研究,2012(6):144-149.

[3]COLIN J,JACK E. A Contemporary Approach to Entrepreneurship Education [J]. Education & Training, 2004(6):416-423.

[4]林嵩.创业生态系统:概念发展与运行机制[J].中央财经大学学报,2011(4):58-62.

[5]杨利军.关于高校创业教育的目的与定位问题的探讨[J].中国电力教育,2011(8):5-7.

[6]董世洪,龚山平.社会参与:构建开放性的大学创新创业教育模式[J].中国高教研究,2010(2):64-65.

[7]许进.高校创业教育模式:基于案例的研究[J].教育研究,2008(4):

99-102.

[8]ZHAN J,D Deschoolmeester. Exploring Entrepreneurial Orientation (EO)in 3 Dimensions：A New Perspective for Analyzing the Value of A Company［EB/OL］.［2020-12-10］. https：//www. researchgate. net/publication/254143050_Exploring_entrepreneurial_orientation_EO_in_3_dimensions_a_new_prospective_for_analyzing_the_value_of_a_company.

[9]刘林青,夏清华,周潞.创业型大学的创业生态系统初探——以麻省理工学院为例[J].高等教育研究,2009(3):19-26.

[10]李时椿,常建坤,杨怡.大学生创业与高等院校创业教育[M].北京:国防工业出版社,2000:15-16.

[11]李政,唐绍祥.地方综合性院校创业教育模式的研究和实践[J].中国高教研究,2011(4):64-66.

[12]胡宝华,唐绍祥.高校创业教育课程设计探讨——来自美国百森商学院创业教育课程设计的启示[J].中国高教研究,2010(7):90-91.

[13]曾尔雷,黄新敏.创业教育融入专业教育的发展模式及其策略研究[J].中国高教研究,2010(12):70-72.

[14]木志荣.中国大学生创业研究[D].厦门:厦门大学,2006.

[15]黄兆信,曾尔雷,施永川.高校创业教育的重心转变——以温州大学为例[J].教育研究,2011(10):101-104.

数字新媒体时代广告学课程教学困境与改革思考①

李颖灏

摘　要：随着数字新媒体时代的到来，广告传播发生了颠覆性和重构性的改变。广告学理论与实践的深化成为业界共同关心的问题，也给广告学教学带来新的挑战。本文分析了数字新媒体时代媒体属性与广告运作模式的演变，针对广告学教学在数字新媒体时代面临的困境，从明确广告学定位、重构课程内容体系及加强教学资源建设等方面对广告学教学改革提出思考建议。

关键词：数字新媒体；广告学；教学改革

随着互联网产业的诞生与发展，传媒业市场发生了革命性变化，引发广告产业巨大变革。互联网广告从萌芽到快速成长，因为其交互性强、制作成本低、速度快、更改灵活、传播范围广等特点渐渐走入主流媒体的行列，对传统媒体广告逐步产生了替代效应。2015年中国互联网媒体广告收入首次超过电视、报纸、电台和杂志四种传统媒体广告收入之和。从市场规模上看，互联网媒体成为真正的主导，传统媒体迅速式微。根据艾瑞咨询公司的《中国网络广告市场年度监测报告（2019）》，2018年中国广告经营额为7991.5亿元，其中中国网络广告市场规模达到4844亿元，同比增长

①　本文系浙江工商大学省级及以上教学平台自主设立校级教学项目"大数据时代广告学课程建设探索：基于创意与计算融合的视角"的阶段性研究成果。

29.2%,网络广告已占中国广告市场份额逾 60%。随着数字新媒体时代的到来,大数据和人工智能技术的发展,营销者对市场数据的获取和使用,无论是类型、量级还是处理的方法、速度、成本等方面都发生了彻底的变革,给营销传播带来颠覆性和重构性的改变。如何相应地进行广告学理论与实践的深化成为业界共同关心的问题,同时也给广告学教学带来新的挑战。

一、数字新媒体时代媒体属性与广告运作模式的演变

(一)数字新媒体时代广告媒体属性的变化

1. 媒体资源属性

媒体资源属性主要体现为广告位的稀缺性。在广告推广中,抢占稀缺媒介资源是取得更高广告效果的一个关键因素。总的来说,优质广告位始终是稀缺的,但传统媒体由于固定广告位的物理条件限制,其排他性具有更大的刚性,使得其媒介资源的稀缺性更加显著。基于互联网和数字技术手段的数字新媒体不仅广告位资源获得极大丰富,其广告位的形态和分布也更加灵活,内容更新频率快。丰富和灵活的数字广告资源大大降低了媒体资源的稀缺性,使得包括中小企业甚至个人等更广泛多元的广告主得以参与广告推广活动。

2. 媒体告知属性

从广告传播过程来看,传统媒体在广告活动中主要是单向传播,其自上而下的品牌告知较为明显。数字新媒体呈现出去中心化的特征,面对的更多是以兴趣点为连接的社群群体,内容以分享渗透传播为主,因而其媒体告知属性更具有网络发散性。

3. 媒体边界属性

从概念的产生来看,数字新媒体是相对于传统媒体而言,包括网络媒体、数字媒体、社交媒体等各种新的媒介形态在内的宽泛概念。随着数字时代信息发布、互动和处理技术的不断进步,数字媒体出现平台化和碎片化发展,进一步突破了传统媒体在传播时空和内容复制等方面的局限性。正如美国《连线》杂志将新媒体定义为:所有人对所有人的传播。相对于传统媒

体,数字新媒体在传播边界属性方面更加体现出无界性的特点。

(二)数字新媒体时代广告运作模式的发展

从根本上讲,数字新媒体与传统媒体在对于广告传播的信息操控功能方面,是基本一致的,并没有新旧之分。在数字新媒体时代,广告活动的基本原理依然适用,但广告运作模式随着广告信息传播手段和方式的变革发生了显著变化。广告活动的主要参与者由广告主、媒体、广告公司、市场调研机构及消费者组成。随着数字新媒体的发展,在媒体参与者方面,电视、广播、报纸、杂志等传统媒体的市场份额被在线视频、社交媒体、网页展示和付费搜索等互联网媒体取代。与此同时,在市场调研参与者方面,拥有更加广域、实时和巨量数据的数据公司,通过不断深化的算法分析成为广告活动中洞察消费者的主力。

传统媒体的广告业务流程一般遵循"市场调查—消费者分析—媒介计划—广告创意—广告投放"的线性流程。媒体与市场调研参与者的调整,结合信息传播技术的发展,使得广告活动过程中的用户洞察、广告创意、广告投放、效果评估等环节发生了明显的变化。这主要表现为广告主与媒介资源对接及广告投放方式的变化。传统媒体环境下,广告公司担任广告主与媒体资源之间的重要中介角色,进行广告主需求与媒体资源之间的对接。这种联系大多通过广告公司与媒体机构的市场推广人员双向搜寻、谈判进而达成协议来完成。在大数据、人工智能技术背景下的数字媒体环境中,这种联系由合约交易方式向程序化交易方式进行转变。广告市场的程序化交易,又叫程序化广告,即通过按照系统程序设定的参数自动化完成投放的数字广告,它把从广告主到广告公司再到媒体平台广告投放过程进行程序化的对接与改造,实现了整个数字广告产业链的自动化(刘庆振,2017)。

程序化广告摆脱了传统合约广告需人工操作、广告周期长、客户预算资金需求大、广告投放调整难度高等约束,实现了精准的受众定向或精细的流量拆分、投放实时及灵活的预算分配。进一步地,从消费者受众洞察到创意表达,再到广告执行、跨屏投放,最后到广告效果监测与优化等各个环节实现广告运作模式的重构。例如,广告主可以通过互联网实时获得海量的用户行为数据记录,汇聚成大数据,并通过优秀算法和概率分析明确用户当前的具体需求并预测其潜在需求,进而指导生产高度个性化的广告创意内容,通过实时竞价方式实现广告投放,通过跟踪用户的点击、着陆、浏览和交易行为,使广告效果的衡量与监测环节也得到优化。

二、数字新媒体时代广告学教学面临的困境

数字新媒体的快速发展激发了广告需求的增加,对广告市场起到了显著的扩容作用。数字新媒体环境下的广告业务在商业逻辑、运作流程等方面发生变革,广告从业人员需要对新市场需求快速适应,亟待进行知识更新和能力提升。从广告市场的人才需求和培养情况来看,总体呈现行业人才紧缺和供不应求的局面。这种状况对各大高校广告学课程教学提出了迫切的改革要求。在此过程中,高校广告学课程教学应对所面临的教学困境进行识别。

(一)广告教学内容与行业实践缺乏匹配

数字新媒体以其独有的技术优势和市场效率,在短时间内迅速冲击了传统广告市场,成为广告主首选的广告投放渠道和方式。同时,随着大数据、人工智能、云计算等前沿科技的不断发展,数字新媒体广告的相关知识和技术不断更新迭代。虽然广告学作为营销学和传播学的核心课程,其基本理论内核依然占据广告学教学内容的中心,并构成了广告学课程理论框架,但过去以广告策划创意为重点的教学内容,已经与广告行业实践出现了较为明显的脱节。当前,越来越多的4A广告公司日渐式微,反映了强调个人经验主义的传统广告亟待吸纳补充包括计算广告、口碑传播、移动社会化媒体广告制作等方面的新知识和技术,甚至急需在此基础上对原有的广告学课程内容体系进行重构。

(二)教学技能和方法相对落后

广告学是一门实践性很强的课程,长期以来一直采取理论学习与实践应用相结合的教学模式。在理论学习方面,主要强调对营销和传播原理、广告心理、市场调研、广告策划等核心理论知识的讲授。在实践应用方面,通常采取课堂实践、校企学习、模拟专题实践等形式。随着数字新媒体的发

展,理论与实践相结合的教学模式依然适用,但相关教学技能和方法亟待更新。突出表现在大数据背景下,实现广告信息的精准化、定制化、融合化传播的数据思维范式和数字技术能力的教学培养。其中,数据思维决定了数字新媒体广告传播的范式转变、流程再造、产业生态建构等;数字能力决定了数字新媒体广告传播的匹配、优化程度和广告传播的价值取向等(刘明、周子渊,2018)。

目前高校讲授广告学课程的师资大多由中文、新闻、营销等专业教师组成,他们不仅需要进一步丰富广告实操经验,更面临新的数字技术和定量分析等方面知识的补充。例如,运用大规模搜索、信息获取、机器学习、预测建模等方式对目标消费者进行精准定位;从受众的人口属性、兴趣、意图和社交关系四个维度来判别用户需求、匹配广告信息,更有效地对广告效果进行提升和把控(杨扬,2018)。显然,传统的定性教学方法在很大程度上已经不适合数字新媒体时代的广告教学。

(三)与数据相关的教学资源匮乏

经过过去二十余年互联网广告的发展,计算机、软件及网络应用技术如图片处理、视频编辑、微博平台和粉丝运营平台广告发布等相关内容被纳入广告学教学。在广告学课程建设中,互联网、多媒体等资源得到了基本配置。在数字新媒体时代,广告活动新的核心发展环节是通过技术和数据进行受众定向的,然后进一步优化广告的购买和投入,由此数据管理平台在广告活动中占据极为重要的地位。其主要通过数据分析及时掌握消费者的行为轨迹,从而建立一套全新的广告投放模式,实现准确有效的广告信息传播。由此,数据成为广告投放乃至整个广告活动各个环节的关键要素。相应地,打通"数据孤岛",形成数据闭环,开放数据获取、挖掘和分析,成为广告学教学过程中迫切的资源需求。

三、数字新媒体时代广告学教学改革的思考

(一)基于广告产业经济范式转变,明确广告学新的教学定位

根据佩蕾丝和弗里曼的技术—经济范式理论(卡萝塔·佩蕾丝,2007;

弗里曼、佩蕾丝,1992),大数据及其分析计算技术的发展正推动广告产业从人力密集型向技术密集型转变,实现产业经济范式转换。随着大数据分析计算技术逐步取代现有广告从业人员的专业技能与智慧,大量非广告专业类的数据公司和相关技术公司,纷纷进入新型广告市场,和许多互联网公司一道成为广告市场和广告产业新的主体(曾琼、刘振,2019)。与此同时,广告运作方式从原来彼此分离的人工操作模式,向以程序化交易为核心的一体化演进。数字新媒体广告媒体属性与广告运作模式的变化,结合广告产业经济范式的转变,传统广告学专业以培养广告策划、创意设计、媒介管理等人才为主的定位,与社会和市场需求出现较为严重的不匹配。随着广告产业经济范式从强调以人力智慧为主,转向了数字技术密集,在艺术与科学均衡的考量上,当前数字新媒体时代的广告学专业定位需要更加侧重于数字科学技术的强化。

(二)注重多学科跨界融合,推进广告学课程内容体系重构

大数据与大数据技术在广告学研究和实践中的应用,其显著的技术密集型特征,造成数字新媒体广告从业相对传统广告而言具有明显的高技术门槛,以及对跨学科研究人才与跨学科合作研究的强烈需求。从某种意义上讲,数字新媒体广告不仅在广告活动中实践,而且在广告学教学中,都需要以学科交叉与融合的方式才能真正得以实现。因此,数字新媒体时代的广告学教学需要突破传统的文理分隔与专业分化的教育制度与研究机制,实现计算机、大数据、人工智能等学科与传播学、营销学、人文历史及艺术设计等学科的跨界融合,积极推进广告学课程内容体系在学科融合基础上的重构。在坚持"厚基础、宽口径"教学理念的同时,将传统的广告传播基础理论与大数据、计算广告等新理论、新实践相结合,重新梳理课程内容逻辑,提升大数据技术、计算广告等知识在课程体系中的分量。

(三)多元渠道依托数据场景平台,加强广告学教学资源建设

大数据为广告学实践中的市场与消费者洞察提供了海量数据基础。互联网与物联网上的各种平台,以及各类传感器与移动终端,已经留下并正在持续记录数以十亿计的消费者的日常"足迹",成为我们洞察市场与消费者的数据基础(曾琼、刘振,2019)。显然,在数字新媒体广告教学过程中,不仅要求学生能够掌握数据挖掘和分析等基础知识,更需要上述技术在广告教学的实践练习。这一方面要求高校相关教学机构通过建立与阿里巴巴、腾讯等互联网商务公司,或者专门的数据公司相联合的多元渠道,克服数据资源的短板。另一方面,鼓励有条件的高校加强自身教学资源建设,探索构建以广告和商务教学为目的的数据库,打造广告学数据应用的场景平台。

【参考文献】

[1]卡萝塔·佩蕾丝.技术革命与金融资本[M].田方萌,胡叶青,刘然等,译.北京:中国人民大学出版社,2007:21-24。

[2]曾琼,刘振.计算技术与广告产业经济范式的重构[J].现代传播,2019,271(2):132-137.

[3]曾琼.突破与重构:大数据时代的计算广告学研究[J].湖南师范大学社会科学学报,2019(5):150-156.

[4]刘明,周子渊.大数据背景下计算广告的传播特征分析[J].科技传播.2018(7):120-121.

[5]刘庆振.计算广告:"互联网+"时代的广告业务流程重构[J].中国广告. 2017(6):125-129.

[6]杨扬.计算广告学的理论逻辑与实践路径[J].理论月刊,2018(11):162-167.

[7]姚曦,李娜.融合与重构:中国广告研究四十年——基于中美广告期刊文献的比较研究[J].广告大观(理论版),2019(6):30-40.

[8]BOTTOU L,PETERS J,QUINONERO-CANDELA J,et al. Counterfactual Reasoning and Learning Systems: the Example of Computational Advertising[J]. The Journal of Machine Learning Research,2013,14(1):3207-3260.

[9]SHUKLA A.,GULLAPURAM S S,KATTI H,et al. Affect Recognition in Ads with Application to Computational Advertising[C]. Proceedings of the 25th ACM International Conference on Multimedia,2017:1148-1156.

大数据时代下营销工程课程教学改革思考

左金水

摘　要:大数据技术的飞速发展和应用普及为市场营销的理论发展开辟了新的空间。传统的营销理论正经历着新兴技术环境下的实践检验,市场营销相关课程的教学工作也面临着前所未有的挑战。本文在对网络大数据环境下传统营销面临的机遇和挑战加以分析的基础上,就"营销工程"课程教学中存在的问题及相应的教学改革方案进行了探讨。

关键词:大数据;营销工程;教学改革

一、数字化营销变革的机遇和挑战

大数据时代,营销数据的管理和应用与之前有着显著的区别,表现为大数据的体量和维度有了巨大提升。这些数据不仅仅是格式化的数据,还包括视频、音频、文本等非格式化的数据,而且所有这些数据都是实时更新且能够实时应用于具体场景。这种区别对于企业的营销活动而言既是机遇也是挑战。

首先,在企业数据库中积累的海量数据涵盖了消费者衣食住行等方方面面的信息。这些信息的获取意味着企业有可能从消费者行为的详细记录中获取其全息影像,从而能够更好地制定相应的战略决策和具体的营销策略方案。可想而知,这在仅仅依靠问卷调查和访谈等传统信息获取方式了解消费者偏好的时代是无法实现的。

其次,更为重要的是非格式化的大数据意味着预想不到的信息和更大的创新空间。比方说在传统的新产品开发领域,从提案到讨论筛选创意、市场分析等等一系列环节需要耗费大量的人力、物力和时间成本。而在大数据时代,新产品开发的流程完全可以(不是说必须)从另外一个角度来考虑。即先通过网络评论、论坛等社区中的消费者意见分析获取消费者偏好,再针对不同的细分市场进行新品的开发工作。大数据在营销中的应用创新在广告及客户关系维护领域也有许多突出的表现。

然而不得不提的是,在大数据带来的这些机遇面前,没有人能够坐享其成。大数据固然突破了传统抽样调查或问卷调查等信息获取方式的局限,而且海量的消费者行为数据记录确实能够使企业获取更为生动丰满的用户画像,并为企业提供实时的信息支持,但是对大数据的充分利用也意味着企业需要支付更大的数据成本,需要具备从海量数据中获取有价值的信息的能力。传统的数据分析方法不再完全适用。如何觅得能够理解大数据、应用大数据的营销人才成为各个企业面临的难题,如何更有效地培养同时具备营销素养和数据分析能力的营销毕业生也因此成为各大高校市场营销专业面临的一个重大难题。

二、大数据时代"营销工程"教学面临的困境

笔者从以往的教学实践工作中发现,目前的"营销工程"课堂教学存在以下几个不利于学生实践能力培养和专业素养提升的问题。

(一)营销工程教学内容与行业实践脱节

我国高校教学课堂中重理论轻实践的现象一直饱受诟病。近年来,通过教材更新、国外优秀教材引进等努力,该现象已经有了很大改观。但不可否认的是,教学内容与实践之间的错配依然存在。这里面的原因主要有两个:一是实践变化太快,教材的编撰、教学内容的更新跟不上,出现了教学和实践的脱节;二是一些前沿课程多采用国外教材,其素材多是来自国外,缺少在国内实际情境的应用。同时,国内外学生在基础知识结构等方面存在明显差异,所以"洋"教材未必适应本土的教学实际。以"营销工程"为例,Gary L. Lilien 在 20 世纪 90 年代编撰的教材译本至今仍是该课程的主要教

材之一。国内学者出版的教材多以其为模本,缺少本土化的内容更新(翁智刚,2010;王芳华、李乃和,2005)。因此,大学课堂的教学内容和实践的偏离在学生实践能力不够和专业素养不高这一点上难辞其咎,理应引起重视。

(二)以讲授为主的教学方式限制了学生的主动学习

一直以来,教师是大学课堂的主角。讲授式的教学法对理论知识的传授有很好的适应性,但对注重提升学生实践能力的大学专业课程来说未必是最好的选择。当我们用现代教学理念来衡量一堂课的质量时,重要的不是看学生掌握了多少知识点,而是要考查学生是否能够发现问题,并通过主动式的学习解决问题。因此,应该还课堂于学生,让学生成为课堂的主人。这样他们才有机会锻炼自己,提升能力。目前以教师讲授为主的教学方式明显限制了学生的学习主动性和能力提升。同样以"营销工程"为例。如果始终是老师讲、学生听,那么培养出来的永远是只能动嘴、不能动手做数据分析的眼高手低的"理论家"。所以,反思一下大学专业教师的工作方法,不难发现教学方式老套陈旧是本科生质量低下的推手之一。

(三)以考试为主的评价方式难以对学生的实践能力进行科学的评估

课程考核方式是促进教学目的实现的重要手段,理应服务于课程开设之初的既定教学目标,但是现实情况是期末考试仍然是主流的大学课程考核方式。对于理论性较强的课程而言,期末考试自然有其实用性。但对于注重培养学生实践能力的一些专业课程而言,期末考试显然无法对学生的实践能力和课堂教学效果进行科学评估。还是以"营销工程"课为例。如果课程的目标是提升学生的动手能力,那么理应采取形成性考核,通过系统考查学生在各个阶段的任务完成情况来对其能力及课堂教学效果进行准确评估。所以说目前以期末考试为主的考核体系具有明显的局限性,无法很好地配合或促进一些专业课程教学目的的实现,理应纳入课堂改革的范畴。

三、"营销工程"教学改革的思考

我国高等教育的具体任务是培养具有实践能力和创新精神的高级专门人才(《中华人民共和国教育法》,1998)。从目前人才市场的情况来看,"实践能力不强""专业水平不够"恰恰是导致国内本科生就业率低、就业薪酬低的重要原因。因此,切实从课堂教学入手,通过提倡"做中学"、增加教师与学生的课堂互动,以形成性考核的方式促使学生积极动手,从而提升课堂教学质量、提升本科生的实践能力和专业水平是一项迫在眉睫的高校教学改革任务。

(一)以实践为主,兼顾理论知识应用的授课内容改革

"营销工程"主要涉及解决营销工作中可能遇到的问题的各种数据分析方法,教学内容的难易程度跨越较大,教师要灵活把握。课堂讲授内容如果不契合企业的实际营销工作需要,学生就无法学以致用;倘若不符合学生的现有知识结构和能力水平,同样无法达到理想的教学目的。现有教材涵盖的教学内容或缺乏能够反映中国市场情况的练习数据,或涉及过于艰涩复杂的内容,不适合本科营销专业学生入门学习。因此,有必要在前人编撰的教材基础上,根据大学本科学生的实际接受能力和国内市场的实际情况重新设计课程的讲授内容。考虑到课程设置的目的在于提高学生的实践能力,因此授课内容应以实际操作为主、理论知识的讲授为辅。授课内容的改革是"营销工程"课堂改革的基础。改革的最终目标应是建设系统的"营销工程"授课内容体系,为培养大数据时代企业急需的既懂营销理论、了解市场,又能够动手进行市场数据分析的复合型营销专业人才做好教材、讲义和训练材料等准备工作。在这一项改革任务中,需要解决的关键问题首先在于准确把握大数据时代企业的营销实务,确保授课内容和实践不脱节;其次,需要准确把握学生的现有知识结构和能力,确保授课内容及训练素材符合学生的实际情况。

(二)强调学生动手参与,推进"做中学"的授课形式改革

"营销工程"是一门涉及市场调研、市场营销、概率统计、运筹学和计算机工学等多个领域的交叉学科,课程本身就是为培养学生动手能力而设置的。因此,在教学过程中必须强调学生的主导地位,以往以教师讲授为主的授课形式继续转变为鼓励学生主动参与、边做边学这样一种新的授课形式。这种注重"做中学"的授课形式改革是提高学生学习效率、提升课堂教学质量的重要途径。尤其是在企业数字化转型的大背景下,企业需要的不是略

知一些营销概念的员工,而是能够帮助企业实现数据变现的创造型人才。这就对高校的培养体系提出了巨大挑战。具体体现在要求营销专业的毕业生具备对数据的敏锐洞察力,并且能够快速上手解决实际问题。"做中学"是使学生尽快具备以上素养的良好途径。因此,"营销工程"教学形式改革的目的在于促使学生主动参与,逐步形成较为成熟的"做中学"课堂教学模式,从而提高人才培养效果。这就要求高校还课堂于学生,教师由"主角"转变为"点评人",在点评中有重点地传授知识。当然,其中有一些关键问题亟待解决。譬如,如何进行合理的课堂目标任务设置,以确保学生能够通过努力完成各阶段的学习任务;如何合理地进行学生团队的搭建,既能发挥部分优秀学生的帮扶能力,也需要考虑尽量避免滥竽充数现象的发生等。

(三)推进以形成性考核为主的课程考核方式

"营销工程"课程设置的目的在于实践能力的提升,那么就必然要求课程的考核方式能够较好地促成这一教学目的的实现。期末考试这一考核方式适用于对理论知识点进行考核,而难以对学生发现问题、实际动手解决问题的综合能力进行考核。改革的目标在于建设形成性课程考核体系,对学生能力和教学质量进行科学、准确的评估。其中需要解决的关键问题在于如何实现团队考核与学生个体评估之间的平衡,达到既对团队合作能力进行考核又不忽视对学生个体的实际能力进行准确评估。

【参考文献】

[1]2016 中国大数据营销市场研究报告[EB/OL]. [2020-12-11]. https://www. iimedia. cn/c400/42934. html.

[2]2020 全渠道线上营销报告:品牌主、零售商的数字化与线上新征途[EB/OL]. [2020-12-11]. https://www. questmobile. com. cn/research/report-new/86.

[3]翁智刚.营销工程[M].北京:机械工业出版社,2010.

[4]王芳华,李乃和.营销工程[M].上海:上海交通大学出版社,2005.

基于辩论式教学的翻转课堂：
课堂活动设计与案例分析[①]

金玉芳　郑　兵

摘　要：面对互联网开放的知识平台，高校的课堂教育应该如何培养学生是教育者一直关注的问题。本研究将辩论式教学方法引入翻转课堂教学模式的课堂活动设计中，给出了基于辩论式教学的翻转课堂活动设计。研究明确了辩论式教学在课堂教学活动中，对学生重构知识网络，进行深度学习，形成高阶认知，培养批判性思维，提高解决问题的能力具有重要的作用。研究最后给出了该方法在营销管理课程中对营销概念理解的一个案例实施过程与效果评估。

关键词：翻转课堂；辩论式教学；课堂活动设计

一、引言

2016 年是中国知识付费的元年。从这一年开始，互联网陆续推出了知识付费项目。"十三五"规划提出，到 2020 年，文化产业成为国民经济支柱性产业。这意味着，随着文化产业的发展，人们在互联网上不再是免费地获取一些"知识点"，而是可以通过付费的方式获取某一方面的系统"知识体

---

①　本文系大连理工大学教育教学改革项目（YB2019049，JG2019046）、浙江工商大学高等教育研究课题（Xgy19046）、浙江工商大学本科"课程思政"教学改革项目"工匠精神视域下的通识课'课程思政'建设——以名企案例分析课程为例"研究成果。

系"。网络文化产业的发展使得知识冲破了象牙塔的封锁,给传统的教学课堂带来了巨大的挑战和变革空间。传统的课堂已不再是"传道授业解惑"的唯一场所,那么学校教育要给红瓦白墙里的莘莘学子什么? 建构主义学习理论认为,知识不是一个简单的传递,而是一个构建的过程。结合互联网的特征,西蒙斯提出关联主义学习理论,认为知识是一个动态发展的过程,情景对知识的重构和知识网络的形成至关重要。互联网可以通过各种手段传递知识,那么课堂教学就是提供合适的情景,让学生在其中重新建构已有经验和知识,进而形成新的知识网络。在课堂教学中实现的是更高阶的知识内化与应用,是一种深度学习。

翻转课堂就是在这样的背景下成为当下教育领域的热点的。翻转课堂的本质就是传统学习过程的"翻转",借助信息化技术颠覆了传统教学流程(涂艳等,2019;祝智庭,2016;张金磊,2012),学生在课外自主学习,教师在课中答疑解惑(马秀麟等,2013),是师生角色的重新定位(李彤彤,2018;宋生涛等,2018)。

翻转课堂作为一种新的教学模式,虽然近年来的理论研究成果直线上升,但是实际应用范围相对有限。国内对翻转课堂的学科应用主要集中在中小学课堂,涉及职业、高等、成人教学的应用研究较少,只占整个学科应用研究的9%。从翻转课堂的使用效果上看,有研究表明,应用翻转课堂能够提高学生的课堂参与度,提高学习成绩(邢磊等,2015),并能提升学生对课程教学的认同度。但是,在基本概念的学习上,效果不如传统教学(何文涛,2014)。李赟等(2016)通过对 Blair 等人为期两年的追踪数据分析发现,翻转课堂并未能全面提升学生成绩。虽然有不同的声音,但是教育领域普遍认为翻转课堂这种教学模式对学生的学习效果有正面推动作用(Freeman,et al,2014)。我国自引入翻转课堂的教学模式开始,就不断有相关的尝试和研究。刘倩(2018)指出,对翻转课堂的研究应该从"用不用"进入"怎么用"的阶段,并提出了课堂的游戏化策略。

翻转课堂的课堂活动设计是这种教学模式的核心,好的课堂活动设计不仅要提高学生的兴趣和参与度,更要激发学生求知欲进行深度学习,即学习者能够批判性地学习新的思想和事实,并将它们融入原有的认知结构中,能够在众多思想间进行联系,并将已有的知识迁移到新的情境中,做出决策和解决问题(严亚利、黎加厚,2010)。在知识的建构主义者看来,教师在开展教活动时要针对学生的观点组织教学内容、设计教学过程。而辩论式教学恰好融合了这两种需求,既可以通过辩论激发学生深度学习的欲望(郑晓丽等,2018),又可以促使学生在原有知识体系下,通过辩论和互动构建新的知识网络。

二、辩论式教学

辩论式教学,也称争论式教学,是由 Toulmin 于 1958 年研发的教育教学法,并由此引发了国际上的相关研究和教学应用。

(一)对辩论式教学的基本理解

辩论是一个思考和社会互动的过程(Nussbaum,2011)。在这个过程中,个体需要建构和批判论点(Golanics,Nussbaum,2008)。在西方的教育心理学领域,辩论能力甚至被当作现代教育的目标和标准。(Asterhan,Schwarz,2016)本文讨论的不是辩论技巧和能力的培养,而是通过辩论的方式让学生更好地学习。通过辩论进行学习(Argumentation for Learning)也是近年来教育心理学的一个研究热点。

根据现有研究(Asterhan,Schwarz,2016;Andriessen,Baker,2015;Chinn,Clark,2013;Schwarz,2009;Schwarz,Asterhan,2010),辩论式教学在学生学习中可以发挥重要作用。

第一,在辩论中人们会形成并使用人类的高阶思维和推理能力(Kuhn,1997)。个体认知是通过社会互动形成的,言语对话在这一过程中起着特殊的作用(Resnick,Gregory,2013)。向另一个人解释自己的想法本身也是学习的提升(Webb,Troper,Fall,1995)。同时,在这种公开表达中,更容易评估学生对复杂概念和理论理解的偏误。

第二,在学习环境中嵌入辩论活动可以有效地促进学生转变观念,形成科学的思维方式,并提高有效解决问题的能力(Jonassen,Kim,2010)。通过理解和解释不同观点,有助于学生对概念的正确理解(Durkin,Rittle-Johnsson,2012)。通过理解不同观点的差异,促使学生理解不同观点的相对有效性。学生必须考虑哪个观点、想法或解释比另一个更容易接受,以及为什么。

(二)辩论式教学的模式

围绕如何在课堂中开展辩论式教学,学者们提出了课堂中可以使用的不同的辩论理论和模式,例如,图尔敏(Toulmin,1958)的辩论框架、沃尔顿的对话理论(Walton's Dialogue Theory)、Asterhan 和 Schwarz(2016)的辩论学习框架。Nussbaum(2011)和郑晓丽等人(2018)对这些争论式教学法进行了解析。

首先,图尔敏辩论框架。图尔敏的论证模式是说服式辩论的典型代表。图尔敏辩论的论证结构(见图1)包括观点(C)、数据(D)、理由(W)、依据(B)、修辞(Q)和反驳(R)等要素。在这个过程中,论述者将数据事实通过理由陈述形成观点。修辞表示要从数据事实到观点的论证强度,而反驳是与观点相矛盾的。图尔敏拒绝存在关于评价论据的普遍准则,争论取决于问题的性质。

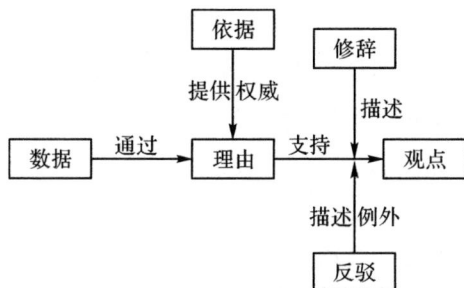

图1　图尔敏辩论框架

郑晓丽等人(2018)将图尔敏辩论框架在教学中的应用总结为四个阶段。第一阶段为陈述观点。第二阶段为陈述证据和辩解。在此阶段需要回答如下问题:支持你主张的理由是什么? 你怎样证明你说的理由是对的? 第三阶段为提出反对观点并反驳。在此阶段需要回答如下问题:若别人不同意你的观点或理由,你认为他的理由能支持他所主张的观点吗? 你将会给他人提怎样的意见来证明他人的主张是错误的? 你能预想出他人会给你提怎样的意见来证明你的主张是错误的? 你会给他人提怎样的意见来证明他人的主张是错误的? 第四阶段要做假定性结论,即根据上述争论,你认为你的主张在什么条件下可以成立？成立的概率有多大？这些批判性问题对学生深入思考有很大的促进作用。

其次,沃尔顿模式。沃尔顿提出的辩论框架是基于实用主义的。在他的辩论框架中,论证的结构和内容是由推理者和推理的共同目标所决定的,因此存在不同类型的辩论。Nussbaum(2011)将沃尔顿模式总结为如图 2 所示的框架。郑晓丽等人(2018)将其细化为图 3 的模式。

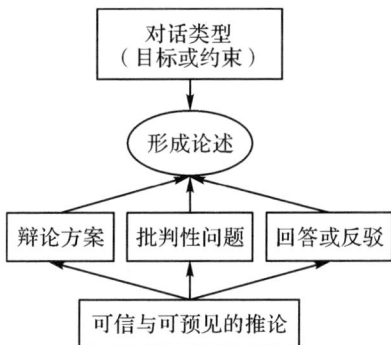

图 2　Nussbaum 总结的沃尔顿模式

争论 V 字图		
问题		
正方观点	反方观点	第三方观点
理由♯1A:(请填写支持正方观点的第 1 个理由)	理由♯1CA:(请填写支持反方观点的第 1 个理由)	理由♯1—3A:(请填写支持反方观点的第 1 个理由)
理由♯2A:	理由♯3CA:	理由♯2—3A:
理由♯3A:	理由♯3CA:	理由♯3—3A:
整合争论结果		
哪一方的结论和推理更强？为什么？ 有折中或其他创造性的解决方案吗？		

图 3　郑晓丽等人总结的沃尔顿模式

在沃尔顿模式中,论证方案是指具体论证的内容和结构,在辩论中可以使用一个或多个方案。与每个方案相关联的是批判性问题,应该讨论每个论点的合理性。批判性问题是沃尔顿模式中一个重要的环节,共提出论证方案中 19 类 59 道批判式问题,例如"由这个例子提出的命题是正确的吗?"

第三,Asterhan 和 Schwarz(2016)的辩论学习框架。他们认为辩论促进特定领域的内容学习是围绕三个环节(见图 4)来组织的:首先是促进或抑制辩论的因素分析,其次是辩论的特征,最后是辩论学习的效果。

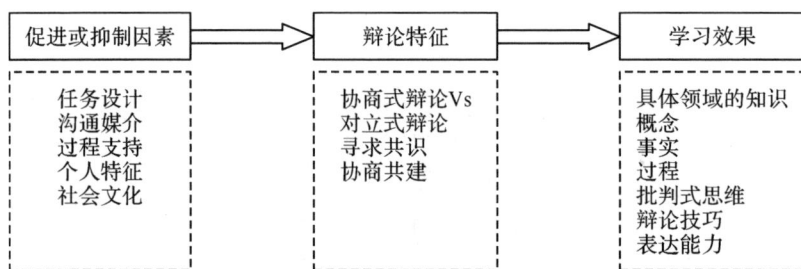

图 4　Asterhan 和 Schwarz 的辩论学习框架

(三)现有研究述评

虽然关于辩论的模式存在差异,但关于通过论述进行学习的目标是相似的,即寻求在批判性推理和协作知识建构之间的平衡。在这个过程中学习会具备以下特征:(1)广泛倾听和批判性地审查讨论过程中提出的不同观点,并寻找尚未考虑到的其他观点;(2)对有说服力的论据做出让步;(3)形成相互合作和相互尊重的氛围;(4)展开由问题驱动而非立场驱动的讨论。从辩论的特点可以看出,辩论式教学更适合课程中没有唯一标准答案的内容和学科。这也是现有辩论式教学在伦理等学科中得以应用的基础。实际上,很多学科具有这样的学习内容。

三、基于辩论式教学的翻转课堂设计

(一)辩论式翻转课堂活动设计框架与原则

本研究通过基于辩论式翻转课堂的活动设计,提高学生的学习兴趣,实现翻转课堂"课前主动学习＋课堂积极参与＋课后认真思考"的教学模式。在整个环节实施中,有趣和富有竞争性的课堂活动是核心。在这些活动中,学生是活动的主导者和实施者。活动可促使学生深入不同领域汲取不同的知识点,培养学生行为上精益求精的品质精神、思维上追求卓越的创造精神,提高学生整合知识并运用所学知识解决实际问题的能力。

课堂辩论环节中,除了学生间的相互讨论之外,教师如何有效地对课堂辩论实施管理也是辩论式翻转课堂活动设计的基础。本研究提出的活动设计框架及每个环节中的原则如图 5 所示。

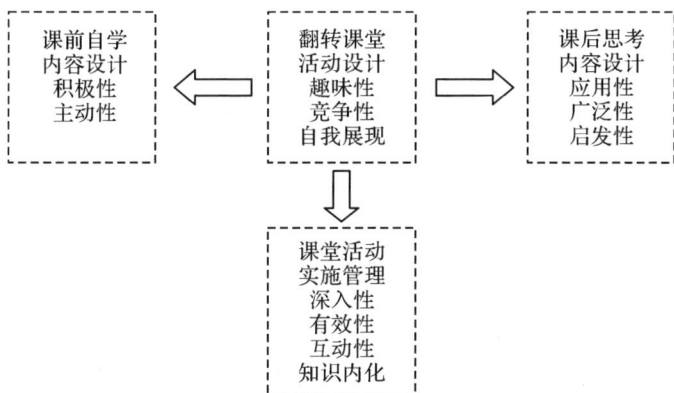

| 课前自学
内容设计
积极性
主动性 | ⟸ | 翻转课堂
活动设计
趣味性
竞争性
自我展现 | ⟹ | 课后思考
内容设计
应用性
广泛性
启发性 |

⟱

课堂活动
实施管理
深入性
有效性
互动性
知识内化

图 5　辩论式课堂活动设计模块

(二)辩论式翻转课堂活动设计与管理

基于上面课堂活动的设计框架,活动内容设计从四个模块展开。

1. 辩论主题设计

教师要根据课程的内容,设置不同的辩论题目。辩论题目要有明显的争议性,且答案不唯一,使双方学生有辩论的空间。正是由于辩论的特点和要求,教师在实施辩论式教学模式的时候要甄别课程中哪些内容可以开展辩论式教学。辩论本身就是具有挑战性和竞争性的活动,辩论中个人的发言为学生提供了很好的自我展现空间。近年来《奇葩说》这个辩论综艺节目的热播,也使得辩论增加了很多趣味性。因此,教师可以围绕社会中发生的一些热点现象来设计辩题。

在设计辩论主题的时候,要明确开展辩论题目的实施规则和要求。教师对辩论主题的选择要结合课程的知识点。任何一个知识点都具有延展性。对知识点的分解和延展，可以让学生在自学阶段自主探索，以知识点为核心进行课前的自主学习，然后围绕知识点选择辩论持方，深入搜集挖掘更多的知识和论据，并整理成稿。

2. 课前自学内容设计

辩论题目的设置要围绕一个课堂的知识点或某个知识模块来展开。在课堂活动设计的基础上，该环节教师要求学生就某个知识点进行课前自学，可以通过慕课、微视频、传统教材等各种方式进行。学生以辩论题目考查的核心知识点进行自主学习。

为了确保辩论的深入性，学生要准备充分的论证方案。教师要引入科学论证思维模式，让学生在辩论中学会区分事实、观点和理由之间的差别，形成基本的科学思维。论证方案是指具体论证的内容和结构，该环节会使学生跳过表面的网络评论和数据，挖掘现象背后的深层规律和机理，鼓励学生在学科知识范围之外搜索资料。由于事前告知学生辩论中有自由辩论环节，所以预期对方的论点和理论，以及预先准备对抗理由也是要求之一。这些内容可以要求学生准备书面材料。学生在准备辩论时，会主动探索不同的观点，并试图通过理性推理来解决这些观点之间的差异。这本身就是一种学习带来的收获（Miller 等，2014）。

3. 课堂活动实施与管理

良好的活动环节，需要课堂活动的有效实施和管理。在辩论式课堂中，主要采用 PPS(Project，Presentation，Seminar)模式，对于正反双方，要留出每个人无干扰展示个人的观点、理由和证据的过程。由于课堂时间限制，一般每一方 2—4 人为佳，每人展示 2 分钟左右。这部分时间主要展示学生课前学习准备的内容。之后，在正反两组学生之间展开自由辩论的时间，4—8分钟为宜。在自由辩论环节，既可能有学生课前准备的内容，也会有一些超出其准备材料的提问，学生需要重新调配其知识内容和逻辑思维应对新的观点。在此环节之后，可以请 2—4 名其他同学参与辩论或者针对双方陈述的观点提出问题。参与辩论会形成更深层次的信息处理和更精细的知识结构(Asterhan，Schwarz，2016)。而言语表达是针对另一个人的，这会促进个体对自己的理解进行反思和认知(Keil，2006)。这一环节要求场上参加辩论和场下聆听的学生高度集中精神,调用自己的思维,理解双方的立场,判断双方提供的依据。这对场下聆听的学生而言是对双方观点的整合与判断过程。

辩论开展过程中,教师要做的是控制时间和现场秩序,让学生自己在辩论中快速构建自己的知识体系。辩论结束后,教师要针对双方的内容,更深入地提出一些批判性问题,让学生思考双方立场成立的前提条件、适用条件等。同时,教师要结合知识点,深入挖掘其背后的机制问题。

针对每一个辩题,可以提出的批判性思考的问题是不一样的。Nussbaum(2011)在文章中给出了批判性思考问题列表(见表1)。这些问题是针对学生在准备辩题过程中对辩论力度的一种思考,也是作为观众的学生在现场评估辩论的批判性问题。在课堂中,教师可以给出更深入的问题。

表 1　Nussbaum 批判式问题列表

批判性(Critical)问题列表
(1)为什么?
(2)然后呢?
(3)可能性有多大?
(4)有多重要?
(5)有例外的原因吗?
(6)你是怎么知道的?
(7)会解决整个问题吗?
(8)会有效吗?
(9)多大程度? 多少?
(10)存在辩论的陷阱吗?
(11)谁会买账? 成本是什么?
(12)还有其他批判性的问题吗?

批判性问题的提出是为了培养学生的批判性思维,使学生学会深入地理解和思考别人的观点。在科学思维中,学会提问是非常重要的环节。教师要让学生在辩论中学会提出这些问题。通过多次的辩论环节,把提问的权利逐步放到学生手中,让学生学会问正确的问题,通过正确的问题理解课

程内容。关于批判性问题可以参照批判性思维的相关材料,结合辩题背景设计不同的问题。

4. 课后思考内容设计

翻转课堂的实施过程中,课堂环节的结束并不是学习的停止。教师可结合最新的研究发现和社会背景,为学生提供系列课外的思考问题,寻求知识点的普适性和延展性。对于教师来说,课后需要综合评价学生在辩论中掌握的学习内容,包括对知识点的基本理解和掌握,对知识点背后涉及的其他学科知识的深层思考与知识拓展,以及学生在辩论中对这些知识使用的正确性等。

5. 效果分析

关于翻转课堂和辩论式教学的课程效果的评估,现有研究已有一些探索。Wardet 等人(2018)指出需要用量化方法证明翻转课堂对批判性思维和问题解决技能的影响。马慧霞等人(2013)和郑晓丽等人(2014,2018)的研究通过实验设计,比较了是否采用辩论式教学的效果。郑晓丽等(2014,2018)在研究中分别以社会性元认知、有效知识加工和阐述价值为衡量效果的指标。马慧霞等人(2013)从学习能力(内涵 7 个指标)和学生对教学模式的接受度及有关认识(内涵 12 个指标)来衡量。Oh 和 Kim 的研究从三个方面衡量辩论教学的效果,包括对思维能力的水平、辩论内容和总体辩论质量的分析,每一方面都有具体的评估指标。思维能力水平从基本概念的理解与应用、分析工具的使用和知识拓展三方面进行评估;辩论内容分为观点陈述清晰性、证据确凿性和理由的逻辑性;辩论质量从辩论反应性和辩论的层次进行评估。这些评估效果的指标层次和范围各有不同,现有研究中并无定论。教师可以根据各自学科的培养要求和课程特点进行筛选。

四、辩论式翻转课堂教学实施案例

(一)确定辩题与相关知识点

如前所述,辩论式教学适用的范围是存在争论空间且答案并不唯一的学科和内容。作者将基于辩论的翻转课堂教学方法应用在营销管理课程的一些知识点和理论的学习中。现实生活中的很多营销决策方案是处于两方或者多方的争论中的,因此通过辩论式教学方式学习营销是一种非常合适的手段。本研究以对市场营销概念的内涵理解为例,解析辩论式教学在翻转课堂活动中的设计与应用。

对营销概念的理解在市场经济的发展过程中是不一样的。随着市场经济的成熟,对营销会赋予新的元素。要想学生对营销有正确的认识,不仅仅要给出书面上最新的定义,还要理解营销定义的发展史。因此,需要选取一个有争议的营销现象作为背景对此概念进行全面深入的理解。在本环节中,作者以某茶为背景,原因是某茶的广告宣传曾一度遭到部分公众的质疑,而与此同时,某茶的销量却在节节攀升。因此确定辩论题目为"某茶的营销是不是好营销"。涉及的知识点为对市场营销概念内涵的理解。相关的知识点分解和延展内容如图6所示。学生的自主学习以营销的概念内涵为核心,自主展开。自学的材料包括慕课的课程和相关书籍的材料。

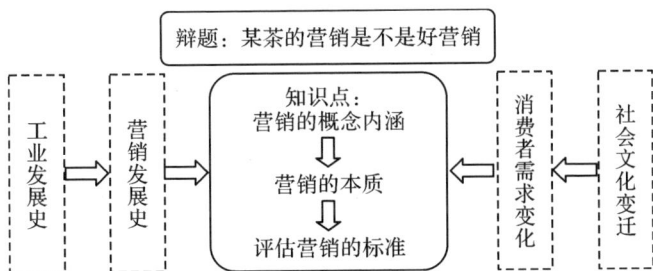

图6　辩题设计

(二)课堂活动实施与管理

作者在两个授课班级开展辩论式教学的实施。针对上述案例,每班一组,共计有两组关于上述辩论题目的相关材料。每组6人,共计有12人的辩论发言稿与现场评估。辩论分为每人3分钟的个人发言,正方和反方在陈述结束之后,进入双方的自由辩论时间,共计8分钟,每组计时4分钟。自由辩论结束之后,双方各派一人做本组的总结发言。所有辩论的内容和程序在学生辩论之前都得以明确。学生除了要准备己方观点的陈述之外,还要为自由辩论环节准备相关的材料。辩论结束后,从观众中随机抽取

2—4 名同学陈述个人观点。辩论中,没有对营销基础知识进行自学的同学,会以是否为企业带来盈利为基础标准,因而持正方的观点。如果以最新的营销概念理解为标准,就会以是否为顾客带来价值为基础标准。而反方最容易在没有深入理解的情况下,从道德和欺骗层面立论。正方双方可能陈述的立论点如表 2 所示。

表 2　某茶案例双方可能陈述的内容

正方	反方
陈述 1:2018 年某茶的销量	陈述 1:广告的真实性
陈述 2:行业优化品牌溢价	陈述 2:产品评估
陈述 3:降低消费者选择难度	陈述 3:价格的合理性
陈述 4:中国茶文化的传播	陈述 4:企业长久战略

　　正方认为某茶的营销是好营销的依据是销量。教科书上从来没有把销量作为营销概念的一部分,而这在实际生活中却是司空见惯的衡量标准。如果销量是结果,那么影响结果的因素是什么? 销量一定不是唯一的标准。这一点可以从营销的发展史上引导,如营销最初产生的背景,最初为什么会产生营销? 不同阶段的营销为什么会产生不同的内涵? 从营销目前的概念内涵看,价值是核心。那么某茶提供了何种价值? 对市场和消费者的价值是什么? 哪些消费者有这些价值需求? 相关利益者是谁? 向他们提供的价值是什么? 如果仅以销量作为评价标准,企业会从事什么样的行为? 这些行为背后说明经营管理者的营销理念是什么? 在这种条件下,企业是否只需要关注销量? 这一系列批判性问题的提出,会引导学生形成批判式的思维方式和对问题的深入思考,体现课堂讨论的深入性、互动性和有效性。

　　除了上述问题之外,该辩题课后可以延展的思考题还包括:(1)从市场经济学视角讨论行业结构的问题。茶叶市场长久以来"大市场,小品牌"的格局是什么原因造成的? 这个行业是否真的需要洗牌整合? 需要的话,原因是什么? 受益的是谁? (2)从行为学角度课探讨消费者行为和需求的变化过程。消费者在茶叶消费过程中存在哪些问题? 茶叶企业能否为消费者真正解决这些问题? (3)从社会学角度可以探讨社会文化和社会群体的变化对消费需求的影响。茶与中老年消费者形象之间强联系的原因是什么？能否打破这种强联系？这些视角,本质上会对营销的决策和判断产生影响。

(三)效果分析与总结

本研究以 Oh 和 Kim 的评估指标为依据,结合 Asterhan 和 Schwarz(2016)的辩论学习框架和本研究的辩题主题,提出本研究的评估指标(见表3)。思维能力水平从基本概念的理解与应用、分析工具的使用和知识拓展三方面进行评估。评估材料包括上面 12 个学生的辩论发言稿的文本分析和教师课堂的观察评价分析两大部分。由于没有对照组,本研究仅就实施班级的这两组资料进行分析。

表 3　实施效果评估

评价指标		一组		二组	
维度	指标	正方	反方	正方	反方
思维能力水平	基本概念的理解与应用	3	6	8	5
	分析工具的使用	3	2	5	3
	知识拓展	3	2	3	4
辩论内容	观点陈述清晰性	4	4	3	4
	证据确凿性	3	4	4	4
	理由的逻辑性	3	3	4	4
总体辩论质量	辩论反应性	3	4	4	5
	辩论的层次	2	3	4	3

对学生上交的书面材料按照表 3 提供的评估标准进行编码并计数,每有一个相关知识点就加 1。辩论内容分为观点陈述清晰性、证据确凿性和理由的逻辑性。辩论质量从辩论反应性和辩论的层次进行评估,其中辩论的层次使用 Oh 和 Kim 研究中的五个层次,从低到高分别计 1—5 分。辩论内容和辩论质量的评估为作者在课堂中根据辩论现场实时计分。

在这两个班级的尝试中,作者只给出了辩题和知识点,给学生较为开放的范畴去辩论相关的知识点。这种过于开放的操作方式导致学生在深挖知识点方面做得不够深入。该辩题是在笔者营销管理课程初始阶段实施的辩论,当笔者在教学中通过批判性的问题启发学生思考更多的相关知识拓展的内容后,在笔者后续课程的其他辩题里,知识拓展的情况就有了明显的提高。

五、研究不足与展望

(一)研究不足

任何一种教学方法都有其自身的局限性,辩论式教学法也不例外。

第一,并不是所有的学科和主题都适合使用辩论式教学。如前所述,对于答案不确定的学科,例如管理类的课程、伦理类的课程等,教师需要根据课堂内容在恰当的部分使用该方法。辩论只是一种形式,重点是学生通过辩论不断重新构建自己的知识网络。

第二,以热点商业现象为辩论题材的恰当性。热点现象对提高学生的兴趣有帮助,但是由于相关信息都是在网上获取的,因此需要对其全面性和真实性进行甄别。在课堂组织中,教师可以综合各种素材来选择辩论的主题。商学院目前广泛使用的案例教学法中,一些决策型的案例就具有辩论的性质,教师可以根据授课内容适当地选取。

第三,本研究的过程和效果分析,仅是作者在市场营销学课程中一个主题的实施过程和效果分析,分析的样本较少,且没有进行控制组的比较。对其他相关课程的分析还需要更广泛的验证。对辩论内容和辩论质量的评估采用现场观察评估的方式,今后的研究可以将录像作为资料进行分析。

第四,现有研究表明,辩论可以分为争论性辩论和商议性辩论两种。虽然相关的研究很少,但是学者们认为两种辩论对学习会产生不同的影响(Asterhan,Babichenko,2015)。本文并没有对此进行区分。

(二)未来研究展望

一方面,辩论式教学在国内作为一种新的教学方式还存在很大的理论研究空间,比如上面陈述的协商式辩论与对立式辩论。在知网上,以"辩论式教学"和"争论式教学"为关键词的文章共计 155 篇,相较于其他教学方法,其研究数量要少得多。最早的是王金兰等于 1998 年在法学教育中提及的一种教学模式,在之后的研究中多集中于法学、哲学、伦理和思想整理领域内辩论式教学的实践研究。在高校其他课程中的实践还需要更多的探索。

另一方面,辩论式教学的理论与实证研究还需要在中国背景下进行更多深入探讨。马慧霞等人(2013)和郑晓丽等人(2014,2018)的研究通过实验设计,证明了辩论式教学的有效性和对知识加工的影响。今后的研究还需要更多实证类的研究,检验这种教学方式的有效性。

今日的人才竞争是思维模式对思维模式,思考方法对思考方法的竞争。结合互联网环境下开放知识平台,今后的课堂教育要更注重思维模式的培养,在课堂上实现深度学习,形成知识内化与能力培养。

【参考文献】

[1]涂艳,张耀杰,何晓娜.翻转课堂知识建构效果影响因素综述与提升策略研究[J].高等教育研究学报,2019,42(1):65-72.

[2]祝智庭.智慧教育新发展:从翻转课堂到智慧课堂及智慧学习空间[J].开放教育研究,2016(1):18-26.

[3]张金磊,王颖,张宝辉.翻转课堂教学模式研究[J].远程教育杂志,2012(4):48-53.

[4]马秀麟,邬彤,刘立超.计算思维——思维能力培养与信息技术基础课教学的融合[J].中国教育信息化·基础教育,2015(1):22-25.

[5]李彤彤,庞丽,王志军.翻转课堂教学对学生学习效果的影响研究——基于37个实验和准实验的元分析[J].电化教育研究,2018,39(5):99-107.

[6]宋生涛,杨晓萍.翻转课堂的基本原理与教学形态[J].西北师大学报(社会科学版),2018,55(2):98-104.

[7]邢磊,董占海.大学物理翻转课堂教学效果的准实验研究[J].复旦教育论坛,2015(1):26-31.

[8]何文涛.翻转课堂及其教学实践研究[D].新乡:河南师范大学,2014.

[9]李赞,林祝亮.高等教育翻转课堂教学效果分析与思考[J].电化教

育研究,2016,37(2):82-87.

[10] FREEMAN S, EDDY S L, MCDONOUGH M, et al. Active Learning Increases Student Performance in Science, Engineering, and Mathematics[J]. Proceedings of the National Academy of Sciences,2014, 111(23):8410-8415.

[11]刘倩.翻转课堂的本土化困境与游戏化策略[J].高教探索,2018 (9):29-36.

[12]严亚利,黎加厚.教师在线交流与深度互动的能力评估研究——以海盐教师博客群体的互动深度分析为例[J].远程教育杂志,2010,28(2): 68-71.

[13]郑晓丽,赖文华,刘根萍,等.争论式教学支架对学生知识加工的影响——基于翻转课堂的实验研究[J].开放教育研究,2018,24(5):81-91.

[14] NUSSBAUMA E M. Argumentation, Dialogue Theory, and Probability Modeling:Alternative Frameworks for Argumentation Research in Education[J]. Educational Psychologist, 2011, 46(2):84-106.

[15] GOLANICS J D, NUSSBAUM E M. Enhancing Online Collaborative Argumentation through Question Elaboration and Goal Instructions[J]. Journal of Computer Assisted Learning, 2008, 24(3): 167-180.

[16] ASTERHAN C S C, SCHWARZ B B. Argumentation for Learning:Well-Trodden Paths and Unexplored Territories[J]. Educational Psychologist, 2016(7):1-24.

[17]CLARK D B. Learning through Collaborative Argumentation[J]. The International Handbook of Collaborative Learning, 2013(3):14.

[18] SCHWARZ B B. Argumentation and Learning [M]// Argumentation and Education. New York:Springer US, 2009.

[19]SCHWARZ B B,ASTERHAN C S. E-Moderation of Synchronous Discussions in Educational Settings: A Nascent Practice[J]. Journal of the Learning Ences, 2011, 20(3):395-442.

[20]KUHN D,SHAW V,FELTON M. Effects of Dyadic Interaction on

Argumentive Reasoning［J］. Cognition & Instruction，1997，15（3）：287-315.

［21］REZNITSKAYA A，GREGORY M. Student Thought and Classroom Language：Examining the Mechanisms of Change in Dialogic Teaching［J］. Educational Psychologist，2013，48(2)：114-133.

［22］WEBB，NOREEN M，Troper，et al. Constructive Activity and Learning in Collaborative Small Groups.［J］. Journal of Educational Psychology，1995.

［23］KIM J B. Arguing to Learn and Learning to Argue：Design Justifications and Guidelines［J］. Educational Technology Research & Development，2010，58(4)：439-457.

［24］DURKIN K，RITTLE-JOHNSON B. The Effectiveness of Using Incorrect Examples to Support Learning about Decimal Magnitude［J］. Learning & Instruction，2012，22(3)：1-214.

［25］MILLER B W，ANDERSON R C，MORRIS J ，et al. The Effects of Reading to Prepare for Argumentative Discussion on Cognitive Engagement and Conceptual Growth［J］. Learning and Instruction，2014（33）：67-80.

［26］KEIL，FRANK C. Explanation and Understanding［J］. The Journal of Philosophy，2006，57(1)：227-254.

［27］WARD M，KNOWLTON M C，LANEY C W. The Flip Side of Traditional Nursing Education：A Literature Review［J］. Nurse Education in Practice，2018，29：163-171.

［28］马慧霞，阚先学.伦理学"换位—辩论式"教学模式的实证研究——以中北大学为例［J］.沧桑，2013(5)：185-187.

［29］郑晓丽，金会洙，李阳.争论式教学对知识加工及社会性元认知的影响——以基于社会性媒体的协作问题解决为例［J］.开放教育研究，2014(6)：50-63.

［30］OH E G. Understanding Cognitive Engagement in Online Discussion：Use of a Scaffolded，Audio-based Argumentation Activity［J］.

International Review of Research in Open & Distance Learning，2016，17
(5):5-22.

[31]ASTERHAN C S C,BABICHENKO M. The Social Dimension of
Learning through Argumentation: Effects of Human Presence and Discourse
Style. [J]. Journal of Educational Psychology，2015，107(3):740-755.

基于 PBL 模式的营销策划教学实践

鲁　敏

摘　要:营销策划是一门实践性较强的应用型课程。在教学实践中引入 PBL 模式,能够弥补传统教学方式的不足,培养学生营销策划的综合能力。本文结合营销策划的课程特点,在教学实践中,构建了基于 PBL 模式的营销策划课程教改体系,并对该体系运营过程中的部分问题进行了优化。

关键词:营销策划;PBL;教学实践

一、PBL 教学模式简介

项目式学习(Project Based Learning,PBL)是一种以学生为中心,动态、积极的学习方法。美国巴克教学研究所(Buck Institute for Education)把以课程标准为核心的项目学习定义为一套系统的教学方法,它是对复杂、真实问题的探索过程,也是精心设计项目作品,规划和实施项目任务的过程。在这个过程中,学生不仅会主动把书本知识和实践问题相结合,掌握所需的知识和技能,还会不断地获得成就感,并更大地激发起求知欲望,从而培养出独立探索、勇于开拓进取的自学能力。因此,PBL 教学是以项目主体为引导的教学模式,其核心是组织学生真实地参加项目设计、执行、总结和评价的全过程,在项目实施过程中完成教学任务。通过组织学生参加项目(包括模拟项目)设计、履行和管理,在项目实施过程中完成教学任务的过程,有助于全面培养学生的综合能力(团队合作、沟通与表达、批判性思维、创新创造等)。

二、营销策划课程特点

(一)课程内容广泛

营销策划作为市场营销、工商管理等管理类专业的一门重要的必修课程,同市场营销学、市场调研预测、消费者行为学、广告学等众多课程构筑成一个完整的学科体系。营销策划不是营销学和策划学的简单相加,而是一门建立在经济科学、行为科学和现代管理理论基础上的应用型课程,它从企业的角度,探讨企业如何适应宏观环境的变化,如何进行有效的营销活动调查、营销战略规划、营销活动策划,以及与营销活动密切相关的产品与市场定位策划、渠道与推广策划等一系列工作内容,是将市场营销、工商管理等专业课程相关理论与知识,与特定营销策划场景相结合的综合性实操应用。

(二)营销策划主题丰富

营销策划课程以培养学生实际的营销策划操作能力为主要目的。在课程的教学过程中,不但要进行营销策划的基本概念、程序和方法等课程基础知识与理论的学习,还要将这些理论在相关主题、行业等场景方面进行具体运用。具体而言,包括企业市场调研策划、营销战略策划、产品策划、价格策划、渠道策划、整合营销传播策划、促销策划、品牌策划、形象策划、公共关系策划、新产品上市策划等专项策划,还包括房地产营销策划、医药保健品营销策划、快速消费品营销策划、农产品营销策划等社会热点行业的专题策划。

传统教学模式无法适应营销策划主题丰富、授课时间较短(一般2学分,30课时)、实践性强等课程要求。PBL以学生为核心,以项目为导向,将学习与项目挂钩,使学生投入具体主题项目中,通过学生的自主探究和合作来解决问题,从而学习隐含在解决项目问题背后的科学知识,形成解决问题的技能,提高自主学习的能力。

(三)课程教学时间靠后

营销策划课程教学时间一般安排在第6—7学期,学生基本上学习完了所在专业经济管理类(包括市场营销专业)大部分专业课程,已经具有较丰富的专业知识储备。教学时间靠后的教学安排,使营销策划课程进行 PBL 教学既有必要性,也有可能性。以市场营销专业为例。该专业学生学习完营销策划课程后,即将进入毕业实习、毕业论文写作与毕业就业等实践性阶段。营销策划课程不仅是市场营销专业本科学习的扫尾课程、学生对大学所学专业知识的综合运用课程,还是营销专业学生毕业后进入企业进行市场营销相关实践工作的准备与过渡课程,亟须同学们能够贴近企业营销实践的工作场景与主题场景,进行营销策划课程的理论学习与策划实操。

三、基于 PBL 模式的营销策划教学实践

(一)课程教改思路

基于 PBL 模式的营销策划课程教学改革的基本思路是:立足于营销策划课程的特点,着眼于培养具有实战型、应用型营销策划能力的高级市场营销与经济管理人才,在营销策划课程教学过程中,发挥授课老师的知识传播、课程设计、项目式教学引导能力,以学生为核心,以营销策划项目为导向与抓手,以学生策划能力塑造为目标,翻转传统营销策划课程教学模式,全面提升课程贴合企业营销实践的实战性、学生课程参与的能动性与课程教学成果的实效性。

(二)课程教改体系设计与实施

1.课程基础理论教学模块(6 课时)

该模块由授课教师系统讲授营销策划课程学习框架,企业营销实践视角的营销策划工作特点与要点、策划流程、策划组织与管理、策划创意等课程基础理论,以及国内外营销策划实践发展的历史沿革等科普知识。基础理论教学模块有助于让学生迅速了解营销策划课程与企业营销策划实践工作的基本状况,提升学生学习兴趣,并为后续开展 PBL 教学提供课程基础理论支撑与项目实施前期准备。

2.PBL 案例教学模块(6 课时)

该模块由授课教师以案例分享与讨论的方式,引导学生涉入项目案例真实场景,深入了解与体会营销策划活动的全案过程,把握策划关键。课堂

讨论的案例应是具有一定代表性与综合性的实操策划项目。

案例主要来自以下项目。

(1)企业策划项目:重点选择国内外知名企业、专业策划机构已解密的策划项目,或国内外著名高校、案例数据库的营销策划教学案例。

(2)授课教师社会服务策划项目:充分利用授课教师多年积累的社会服务经历与素材(包括各类企业营销策划项目、政府专项规划项目等),分享项目策划的来龙去脉、关键路径和心得经验。

(3)实务导师实操项目:充分利用校、院、系三级校友资源,各类社会实践与实习基地资源、教师社会资源,积极引进企业负责人、营销总监、省市营销部门负责人、策划机构从业人员等实务导师,以策划项目为主题,开展多种形式的"实务精英进课堂"活动,与同学们交流、分享企业营销策划实操经验。

(4)各类策划或双创大赛项目:充分利用授课教师历年指导(或参与指导)学生,以及开课班级同学参与校、省,甚至国家级等各类赛事(如挑战杯、创新创业大赛、经济管理案例大赛、会展策划大赛等)的经历经验,邀请获奖同学、班级参与同学现身说法,进行案例分享与讨论。

3.PBL学生团队实践模块(18课时)

该模块是基于PBL模式的营销策划教学实践的核心模块。该模块由学生组建项目团队,按项目化运作的方式,完成项目营销策划任务,并提交策划成果。在前述两个模块的支撑下,PBL学生团队实践的实施步骤如下:

第一步:下达项目任务,组建项目团队。

由授课教师下达营销策划课程任务(可以在实施基础理论教学模块时下达),明确策划项目要求、完成的时间节点、考核要点与要求。班级学习委员组织全班同学自由分组,组建项目团队。为确保团队成员充分参与,团队成员不宜过多,一般由3—4人组成,推选团队项目负责人(即项目经理)1人。学习委员汇总以上信息后,报授课教师备案。

第二步:选择项目主题,制定工作计划。

首先,项目经理组织成员充分酝酿与讨论,鼓励能够结合团队成员的社会资源、实践经历与兴趣爱好,选择特定行业与企业(可虚拟),以该企业为依托,选择某一策划主题(如产品上市、促销策划、品牌策划等)。其次,在项目经理的主持下,项目团队分析项目任务,研究工作重点、难点、关键点,明确团队成员的角色,制定营销策划项目建议书。再次,项目经理提交项目建议书,报授课教师备案并接受指导。

第三步:组织项目实施,编制策划方案。

在项目经理的带领与协调下,团队成员按各自的分工,依项目工作计划展开工作。其间,若工作进程中遇到难点或困难,团队应尽力内部解决,力量不足时可寻求授课教师支持或指导。

第四步:项目中期汇报,交流讨论方案。

项目中期汇报是 PBL 学生团队实践模块的关键环节,也是企业营销策划实践过程中至关重要的一个环节。案例教学模块完成后,即可组织各项目团队依次汇报。首先由项目团队以 PPT 形式进行项目中期汇报;其次,由授课教师组织全班同学对汇报项目进行讨论;最后,授课教师进行总结,并提出建议指导。

项目中期汇报既是对项目团队前期工作的小结,通过方案交流讨论,更是对团队下一步推进项目策划工作的修正与指导。方案交流讨论不仅有助于汇报团队完善工作方案,也有助于其他团队从第三方视角审视汇报团队的策划工作,对其自身团队的项目推进有诸多启发与指导。

第五步:项目方案完善,提交项目成果。

项目经理组织团队成员完成项目策划方案,并于授课结束后,打印提交完整策划文稿,授课教师对文稿进行评价打分,该成绩即为该项目团队的期末大作业成绩。

4. PBL 综合成绩评价模块

该模块应能够较全面地反映学生参与课程教学与实践的实际表现。除学生个人表现外,还应体现该学生所在项目团队的成绩。因此,学生期末综合成绩由平时成绩与期末大作业成绩共同组成。实际操作过程中,个人项目范围内的表现与项目团队的成绩联动,促使每位学生形成项目集体意识与大局意识。

学生个人期末综合成绩=个人考勤与到课表现$\times$K1+团队项目平时成绩$\times$K2+团队项目期末成绩$\times$K3(K1+K2+K3=1,50%$\leqslant$K3$\leqslant$60%)。

团队项目平时成绩=项目建议书成绩$\times$0.3+项目中期汇报成

绩×0.7。

四、PBL 模式营销策划教学优化

(一)如何推动学生个体在课程讨论中的参与度

在教学实践过程中,总体上应该发挥学生在项目团队中的参与性,但也要促进学生发挥其个体能动性。在综合成绩评价模块中,可以在"个人考勤与到课表现"部分引入学生个体加分机制,即学生每主动参与一次有实际意义的课堂讨论,可以酌情在"个人考勤与到课表现"中加分(如 3 分/次,每人加分不超过 3 次)。加分机制既是对学生个体参与讨论的肯定,也有助于激发课堂讨论氛围。

(二)如何发挥学生在项目评价中的积极性

为科学推动项目评价,丰富项目交流过程,推动各项目团队积极参与其他小组的项目中期汇报,项目中期汇报可以引入师生两级评价机制。

项目期中汇报成绩=授课教师评价成绩×0.6+其他团队评价成绩(算术平均)×0.4。

其中,其他团队评价成绩既可由该项目经理单独给出,也可以由其所在团队成员共同建议给出。为消除评价过程中的赋分波动,在其他团队评价时,也可以引入体育竞争项目中"去除最高分,去除最低分"的机制。

(三)如何避免学生在项目团队中的"搭便车"现象

一方面,为防止部分学生在项目中不尽职或"搭便车"影响团队成绩,授课教师可以授予项目经理对其团队内部成员的平时成绩评价建议权。另一方面,在项目中期汇报环节,可以由授课教师随机抽取项目小组任一学生代表小组进行汇报,该学生的即时表现直接影响该项目小组成绩。这一机制通过制造一定的团队压力,推动每一位学生认真参与并熟悉项目进程及内容。

【参考文献】

[1]朱华锋.建立营销策划课程独立内容体系的探讨[J].华东经济管

理,2010(1):157-160.

[2]朱李明.营销策划课程教学模式初探[J].山西财经大学学报(高等教育版),2010(4):58-59.

[3]郑春满,盘毅,洪晓斌,等.基于双 PBL 模式的有机化学实验教学探索[J].实验室研究与探索,2013(8):178-180.

[4]苗芳,谭会平,刘秀玲.基于项目导向的国际金融教学研究[J].黑龙江教育学院学报,2016(2):52-55.

[5]CAPRARO R M, SLOUGH S W. Project-based Learning: An Integrated Science, Technology, Engineering and Mathematics (STEM) Approach[M]. Rotterdam:Sense Publishers,2009.

基于传统文化的营销职业道德课程设计

王丹萍

摘　要:培养具有良好职业道德的营销人员对国民经济的可持续发展、资源的优化配置,以及引导消费人群健康的生活方式具有重要的意义。然而目前高校中鲜有开设营销职业道德课程。本文以传统文化为理论基础,以立德树人、经世济民为教学目的,建议从格物致知、诚意正心、史上儒商及营销实践四个方面设计知行合一的营销职业道德课程。

关键词:营销职业道德;传统文化;课程设计

职业道德修养,是指个人在职业活动中自觉按照职业道德原则、规范和理想进行自我教育、自我改造和自我锻炼的过程,并由此形成的职业道德境界。市场营销专业培养的学生在促进消费、扩大生产、加速商品流通的过程中发挥着重要作用。因此具有良好职业道德的营销人员对国民经济的可持续发展、资源的优化配置,以及引导消费人群健康的生活方式具有重要的意义。

本文建议营销专业应加强对学生营销职业道德的教育。鉴于目前国家正处于民族复兴的大好形势下,本文提出以传统文化为理论基础的营销专业学生职业道德培养的教学方案。该教学方案以立德树人为本,以经世济民为用,通过格物致知、诚意正心、史上儒商及营销实践这四个教学模块向学生传授传统文化中道与德的性命之学,以及知行合一的实践之学。

一、营销专业职业道德课程设置的必要性

(一)现行营销理论体系简介

从 20 世纪 50 年代以来,营销科学逐步形成了以 STP 和 4Ps 为框架的理论范式。简言之,企业根据宏观、微观环境预测、判断并且识别未满足或未能很好满足的消费者需求,估计市场需求量规模,衡量企业满足需求的程度,在此基础上细分可能的、潜在的消费人群。企业根据竞争者和企业自身的情况确定要服务的目标市场,简洁、清晰、精准地向目标消费人群阐述企业相较于竞争者而言,能怎样更好地满足消费者的某个特定需求,以及满足的程度(市场定位)。接下来企业根据这部分消费人群的特点,推出 4P 组合战术:生产怎样的产品,设定怎样的价格,选择怎样的渠道,并确定以怎样的方式进行推广。

在这个理论范式中,企业理解消费者需求是核心;提供与竞争者差异化的需求解决方案是企业制胜的关键。事实上,目前整个市场营销的教科书里、学校课堂上、社会培训中,营销学所宣讲的内容基本上都是如何围绕消费需求和竞争战略这两个主题展开。菲利普·科特勒直言市场营销学就是需求管理。东北财经大学李怀斌教授在 2012 年发表于《中国工业经济》的文章中称,市场营销学是"聚焦于目标顾客的需要和欲望,向他让渡优于竞争者的价值"。

(二)脱离商业流通的营销理论所存在的隐患

营销作为商业流通中一个的重要环节,其根本目的是通过销售促进商业流通,使得各种物资在时空上的差异得以均衡,"损有余,以补不足"。物资通过时空上的流通得以增殖。参与商业流通的各方也因此从中获利,国家经济得以发展。司马迁在《史记·货殖列传》中引用周书中的话:"周书曰:'农不出则乏其食,工不出则乏其事,商不出则三宝绝,虞不出则财匮少。'财匮少而山泽不辟矣。此四者,民所衣食之原也。原大则饶,原小则鲜。上则富国,下则富家。贫富之道,莫之夺予,而巧者有余,拙者不足。"《周易》曰:"天地之大德曰生,圣人之大宝曰位;何以守位曰仁,何以聚人曰

财。"《管子·牧民》讲"国多财则远者来，地辟举则民留处"，"仓廪实而知礼节，衣食足而知荣辱"。由此可见商业流通的重要性：它是国家安定、民众富裕的根本保障，也是民众知礼守节、精神富裕的基础。所以脱离了商业流通，脱离了均衡物资分布的不平衡，脱离了促进国家安定富裕、百姓物质文明与精神文明双开花这样的大背景来谈营销就可能造成营销人员的短视症。

事实上，不同于商业流通中强调多方均衡的面式思维、循环思维，当前只考虑"消费者需求解决方案"的营销是点式思维、线性思维。所谓不谋万世者，不足谋一时；不谋全局者，不足谋一域。商业流通环节中原本同气连枝的各方因为这样的点式、线性思维而被割裂、对立开来。社会上物资的分配出现不均衡，余者恒有余，不足者恒不足，进而导致社会各阶层不安定、不和谐。对于营销人员来讲，则只看到自己能够从消费者手中获取的利益，而看不到自己在国民经济发展中所发挥的重要作用，工作的热忱难以发挥出来，人生的志向也难以树立起来，就如李怀斌教授（2012）讲的"漠视对物质秩序和社会制度的改造"。

（三）以理解消费者需求为核心的理论所存在的隐患

《老子·道德经》讲："知人者智，自知者明。"对于消费者来讲，绝大多数消费者并不清楚自己真正需要的是什么。消费者的购买行为是盲目且随机的。绝大多数消费者在市场上闲逛，被一句广告语、一则促销信息，甚至一个漂亮的包装吸引，然后产生了购买行为。这样的消费行为极大地造成了资源浪费。此外，就算是消费者表面上清楚自己需要什么，其内心真实需要往往与之不符。例如，以城市孤独青年为例。这部分消费者表面上看需要的是一个人的生活，例如一人食的桌椅、一人住的单身公寓；实际上需要的是亲朋好友的陪伴，是城市生活的归属感。因此，多人参与的社交关爱、温暖才是他们真正的需求。从这个角度来看，单纯通过市场调研，希望从消费者口中了解他们的需求需要调查者极高的洞察能力；同样，通过大数据，从消费者已有的行为轨迹来判断他们的需求，也对调查者提出了极高的要求。

而对于企业来讲，理解消费者需求并为此提供需求解决方案，"把顾客抬到了至高无上的中心位置"（李怀斌，2012）。对于一线的销售人员来讲，会出现一味迎合消费者,表现出一副卑躬屈膝的媚骨模样,往往不被消费者所尊重。现实中淘宝店铺的客服一口一个"亲""陛下""女王",可见这样的风气之盛。而对高层的营销管理人员来讲,由于其能够洞悉并且引导消费者的行为,就其个人来讲容易滋生自大傲慢的心态,表现在企业的经营上则可能出现一系列重营销、轻产品的行为,例如重推广、轻产品打磨,重包装、轻产品质量的乱象。

(四)差异化的消费者需求解决方案所存在的隐患

企业为了能够在竞争中脱颖而出,需要向消费者提供优于竞争者的需求解决方案。迈克尔·波特在《竞争战略》一书中给出了三种解决方案:成本领先战略、差异化战略及集中化战略。事实上,正如在微信公众号"空手"中所阐述的那样,迈克尔·波特的竞争战略其实只有一种,那就是差异化。因为,市场集中化战略指的是在一个特定的细分市场内,针对特定的人群,实现总成本领先,或者提供差异化价值的战略。所以市场集中战略本身就是一种差异化战略。同样,成本领先本身也是一种差异化价值。市场定位理论的提出者杰克·特劳特也明确提出,"战略就是与众不同"。所以在一个激烈的市场竞争中存活下来,企业需要找到自己公司的差异化优势,知道自己最独特的资源,并将这种资源转化为资本。

然而知道自己是个什么样的人是一件非常困难的事情。古人穷极一生只为自知。而知道由形形色色、各种各样的人员所组成的企业是什么样的更是一件困难之事。在这样的现实面前,绝大多数企业取巧为之,用新颖的概念,用出奇的方式来创造所谓的差异化价值。也因此,营销人员常常被称为"精致的利己主义者",更有甚者被贴上"大忽悠"的标签。老百姓对营销的印象也普遍比较负面。2018 年中国青年报社社会调查中心联合问卷网对 2007 名受访者进行的一项调查显示,93.0%的受访者觉得商家营销噱头普遍存在,51.5%受访者认为用噱头掩盖商品本身价值的行为不可取,65.4%的受访者希望商家营销宣传不要夸大产品效果,57.3%的受访者建议不使用低俗手段。

而对于消费者来说,这种差异化的解决方案并不有利于社会各阶层的和谐稳定。从某种意义上来讲,这样的营销方式容易造成阶层分化。消费者的身份、地位、阶层、收入等等个人信息都与其消费的产品相捆绑。就像热播剧《三十而已》中所演的那样,顾佳与太太圈的差距就在于一只价格昂贵的包包。当她不惜代价搞到一只价格约为 30 万元的爱马仕"kelly"鳄鱼包后,终于混入了贵妇圈。消费人群间的对立关系被其所消费的产品树立起来。一部分群体自大自满,一部分群体心理失衡甚至产生抵触心理。近年来,频繁出现的"炫富""仇富",各种品牌鄙视链便是这种风气最好的写照。

二、依赖传统文化培养营销职业道德的重要性、迫切性和可行性

(一)重要性

文化是一个国家的根、一个民族的魂。文化是古代先民在认识世界、改造世界的过程中逐步形成的思想体系和历史积淀。纵观全球文明史,华夏文明是唯一一个在五千年的历史长河中没有断流的文明。五千年的历史创造了华夏民族博大精深、灿烂辉煌的优秀文化,为中华民族屹立于世界民族之林提供了坚实的自信基础。传承和弘扬中华优秀传统文化是每一个中国人都必须自觉承担的历史责任和历史使命。抛弃传统、丢掉根本,就等于割断了自己的精神命脉。党的十九大报告提出要"推动中华优秀传统文化创造性转化、创新性发展"。中共中央办公厅、国务院办公厅印发的《关于实施中华优秀传统文化传承发展工程的意见》更是直接指出要"把中华优秀传统文化全方位融入思想道德教育、文化知识教育、艺术体育教育、社会实践教育各环节,贯穿于启蒙教育、基础教育、职业教育、高等教育、继续教育各领域"。

(二)迫切性

1900 年,农历庚子年,那时候的中国陷入内忧外患的黑暗境地:战乱频繁、山河破碎、民不聊生。2020 年又是一个庚子年。在经历了两个甲子之后,我们国家已经跃升为世界第二大经济体。特别是在全球新冠肺炎疫情的严峻考验下,我国的经济发展逆势上扬,向世界交出了一份完美的答卷。新冠肺炎疫情就像是一面照妖镜,照出了我们的制度优势、文化优势,也照

出了资本主义社会的腐朽和没落。与此同时,我国的综合国力不断提升。以军事科技领域为例,仅 2020 年 7 月,水陆两栖飞机"鲲龙"海上试飞成功,"天问一号"火星探测器成功发射,北斗卫星导航系统正式开通。中华民族在探索浩瀚的星辰大海中越走越远。然而,即便在这样的国内形势下,网络上依旧有不少精美、精日的"精神跪族",其中不乏高级知识分子、高校教师、高校学生的身影。所以,通过培养学生以传统文化为根基的职业道德素养,对增强学生的道路自信、理论自信、制度自信、文化自信尤为重要。

坚定不移地走出具有中国特色、民族特性的社会主义发展道路势在必行。将蕴含于中华优秀传统文化中的道德理念、行为规范、价值标准融入校园里、课堂上、教材中,构建具有中国特色的思想体系、学术体系和话语体系显得尤为迫切。

(三)可行性

《礼记·大学》载:"有德此有人,有人此有土,有土此有财,有财此有用,德者本也,财者末也。""生财有大道,生之者众,食之者寡;为之者疾,用之者舒。"在传统文化视角下,蓄德为生财之本。《礼记·中庸》也讲:"故大德,必得其位,必得其禄,必得其名,必得其寿。故天之生物必因其材而笃焉。故栽者培之,倾者覆之。诗曰:'嘉乐君子,宪宪令德,宜民宜人。受禄于天。保佑命之,自天申之。'"

传统文化认为"天人合一":心、身、家、国、天下同根同源,同气连枝,共呼吸、同命运。人通过"人法地、地法天、天法道、道法自然"的方式向天地自然学习天道,并使天道明德在人身中彰显,从而构建出一个和谐的身心、和谐的家庭、和谐的国家及和谐的天下。《礼记·中庸》也是同样的观点:"唯天下至诚,为能尽其性;能尽其性,则能尽人之性;能尽人之性,则能尽物之性;能尽物之性,则可以赞天地之化育;可以赞天地之化育,则可以与天地参矣。"由此可见,传统文化认为:明道育德,修身养性是治国理政、平定天下的基础、根本。

营销作为发展国家经济的重要方式,是治国理政的重要部分,因此营销人员亦可通过修身的方式打磨自己的心性,蓄育重仁尚义、尊天敬地的人格情操,深谋远虑、待时而动的人生智慧,从而通过营销活动,向世人传递这样的品格德行,成为推动国家和民族历史进步的有用之人。

事实上,古往今来很多商人在这样的思想指导下,行商济民,成就一番"财富天下"的商业辉煌,留下一段段重信守义的人间佳话。远的如范蠡、白圭、计然、子贡等等,近的如明清时期的十大商帮。其中范蠡还被百姓敬为神明,这在"重农抑商"的封建社会非常难得。

三、基于传统文化的营销职业道德课程教学模式设计

《礼记·大学》载:"古之欲明明德于天下者,先治其国;欲治其国者,先齐其家;欲齐其家者,先修其身;欲修其身者,先正其心;欲正其心者,先诚其意;欲诚其意者,先致其知。致知在格物。物格而后知至,知至而后意诚,意诚而后心正,心正而后身修,身修而后家齐,家齐而后国治,国治而后天下平。自天子以至于庶人,壹是皆以修身为本。"《礼记·大学》给我们指明了以文化人的方向与步骤:明明德、亲民、止于至善,格物致知、诚意正心、修身齐家、治国平天下。

基于传统文化的营销职业道德课程设计(见图1)以《礼记·大学》的纲要为指导,遵循格物致知、诚意正心、修身齐家、治国平天下的步骤,以立德树人为根本教学目标,以经世济民为实践致用目的,分别设计以"明明德、亲民、止于至善"为方向的"道与德的性命之学"和"时史相参的实践之学"两部分教学内容。道与德的性命之学这部分内容对应《礼记·大学》中的个人修身部分。实践之学对应《礼记·大学》中讲的"治国平天下"的治平部分。

细述来讲,道德的性命之学通过格物致知使学生掌握传统文化中的"道",深切体悟到"道法自然,天人合一"的主旨。通过诚意正心使学生掌握传统文化中的"德"。同时,为实现知行合一,避免道德落入空谈,在知识的学习基础上设计实践内容:一方面是向历史上著名的儒商学习;另一方面是用传统文化的思维对现行的营销案例进行分析和策划。格物致知、诚意正心、史上儒商和营销实践这四块内容是彼此两两呼应的。格物致知是培养学生对道的体认,营销实践是强化学生对道的实践,诚意正心是育德,史上儒商是为了让学生能够通过史料体会到德对经商的重要性。各教学模块的教学目的、拟采用的教学形式和教学资料,如表1所示。

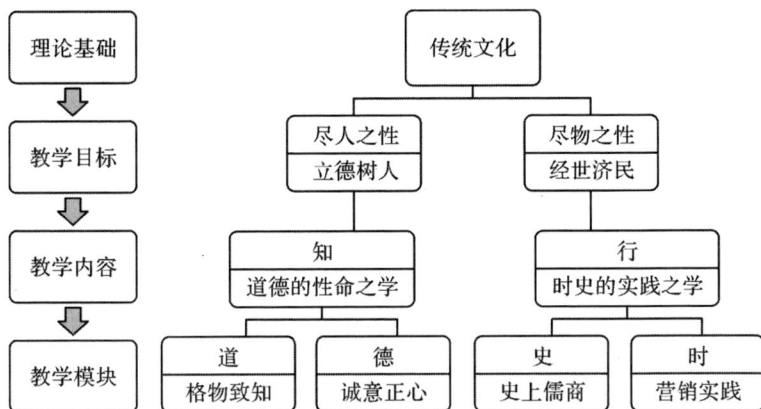

图1　基于传统文化的营销职业道德课程教学模式

表1　各教学模块的教学目的、拟采用的教学形式和教学资料

教学模块	教学目的	教学形式	教学资料
格物致知	培养传统的思维方式,体证到万事万物的本源性力量,明白"道法自然,天人合一"的意义	课前导读、课堂讲授和专题讨论的分组教学模式	说文解字和民间饮食风俗
诚意正心	使学生能明辨知识和"心识"的差异,从而进一步体证到"天人合一"的文化精髓,在此基础上端正心态,建立起诚意正心的修身之路	课前导读、课堂讲解和小组分享的教学模式	儒道经典
史上儒商	通过对历史上著名儒商的学习,能够认识到道德对经商的重要性	课堂授课和课下游学	儒商的历史典籍,以及留存的历史古迹
营销实践	以体用为主,通过企业的营销实践活动真切地感受到传统文化在企业营销行为中的重要性,并且能够从传统文化的角度对企业营销行为进行分析,以及提出相应的营销策划方案	课堂授课、小组形式的案例讨论,以及课后组织学生参加实践考察	经世致用的先秦经典,时下企业营销案例,去以传统文化为企业文化的公司的观摩学习

总的来讲,本文提出的基于传统文化的营销职业道德课程设计旨在通过传统文化这个理论基础,通过道与德的性命之学和时史相参的实践之学来实现立德和济民这两个教学目标。应用格物致知、诚意正心、史上儒商和营销实践等教学内容,融合学生、高校、企业等多方力量,将学生培养成为一个具备较高职业道德素养和实操能力的营销人才。

(一)格物致知

朱熹言:"格,至也;物,犹事也,穷至事物之理,欲其极处之无不到也。"格是分门别类的意思,将万事万物放到不同的格子里去,如同中药房里的药柜把不同药性的药材放到不同的格子里。华夏先民依据天地万物的性情,通过格物的方式分类万物,"以通神明之德,以类万物之情"。换言之,先民用格物的方式洞察万事万物的同构性,体会万事万物之间的本源性力量,即"道",以达到致知的目的。

格物是传统文化的重要思维模式。通过格物所致的知,是传统文化的根源。与西方科学中的分类归纳法不同,传统文化中的格物,虽然也是分类,但其根本目的不是为了区别而分类,而是为了和合而分类,通过分类的方式达到"和合"的目的。

传统的格物模型从太极、阴阳衍生而来。《道德经》载:"道生一,一生二,二生三,三生万物。"《周易》载:"《易》有太极,是生两仪。两仪生四象。四象生八卦。"《黄帝内经》载:"天布五行,以运万类,人秉五常,以有五脏。"阴阳不断变化,格物的模型就千变万化。我们熟知的从一到十的数字就可在传统文化中对应十个格物模型:一为太极,二为两仪,三为三才,四为四象,五为五行,六为六气,七为七政,八为八卦,九为洛书,十为河图。

格物致知的教学目的:让学生通过格物训练,培养其传统的思维方式,体证到万事万物的本源性力量,明白"道法自然,天人合一"的意义。

格物致知的教学形式:主要采用课前导读、课堂讲授和专题讨论的分组教学模式。

格物致知的教学途径:说文解字和民间饮食风俗。"文以载道",汉字是先贤留给我们的宝贵财富。汉字本身蕴含了华夏先民对宇宙、对天地、对自然的认识。追溯文字的根源有助于我们更好地了解字词原本的含义,也有助于我们更加直观地了解先贤眼中的宇宙、天地、自然的规则。民间饮食风俗是道化百姓的产物。华夏先民将"道法自然,天人合一"的思想渗透到生活的方方面面,"百姓日用而不自知"。这些民间风俗有不少得以保存下来。通过重拾这些风俗,以格物的方式体会到风俗背后的深意,一方面有助于学生深化对传统文化的日用认识,另一方面有助于营销中产品的设计,以及产品的推广方案设计。

(二)诚意正心

格物致知是通过分类的方式学习到万事万物本源性的力量,目的是和合天地万物。诚意正心则是道在人类社会的应用,特别是个人修身上的应用,是道在人身上的体现,即"德"。用天理道法蓄育自己的德,通过不断的实践,达到天人合一的根本目的。

中国人讲良心。老话常讲"摸摸自己的良心","不做亏心事,不怕鬼敲门"。《孟子》载:"人皆有不忍人之心……恻隐之心,仁之端也;羞恶之心,义之端也;辞让之心,礼之端也;是非之心,智之端也。人之有是四端也,犹其有四体也。""学问之道无他,求其放心而已矣。"

不同于西方文化,在中国传统文化中,人身的主宰、思虑的来源是"心",而不是"大脑"。《北溪字义》载:"心者,一身之主宰也,人之四肢运动,手持足履,与夫饥思食、渴思饮、夏思葛、冬思裘,皆是此心为之主宰。"《黄帝内经》载:"任物者谓之心。"并且,人对外界的感知也不是通过大脑,而是通过心直观感受的。保持心底的清澈明净,就能如同明镜一般照见万事万物的性情。

不断朝着天命的方向打磨自己的心,使其变得明净,并持续不断地由这颗明净的心来主导自己的言行举止,则为诚意。《礼记·大学》载:"所谓诚其意者,勿自欺也,如恶恶臭,如好好色。"止一为正。一者,天道也。正心则为使心回到天道的路上。《礼记·大学》载:"所谓修身在正其心者,心有所忿懥,则不得其正,有所恐惧,则不得其正,有所好乐,则不得其正,有所忧患,则不得其正。心不在焉,视而不见,听而不闻,食而不知其味。此谓修身在正其心。"

诚意正心的教学目的:使学生能明辨知识和"心识"的差异,从而进一步体证到"天人合一"的文化精髓,在此基础上端正心态,建立起诚意正心的修身之路。

诚意正心的教学形式：主要采用课前导读、课堂讲解和小组分享的教学模式。

诚意正心的教学资料：主要来源于儒道经典，例如《道德经》《大学》《中庸》《孟子》和《论语》。这些经典历经风霜，弥久恒远，是历史的瑰宝、人类的巨作。对经典的吟诵和解读，可以让我们走进古人的时代，感受到那个时代的人的精神面貌，体会到道德的恢宏气势，感受到先贤对我们的谆谆教导。

（三）史上儒商

儒家为应天人之际，根据天道制定了人类社会一系列的人伦道德规范，例如三纲五常。三纲是指君为臣纲、父为子纲、夫为妻纲，对应的是天地乾坤之德：乾为阳主动，坤为阴主静，一阴一阳、一唱一和而成和谐的状态。同样的道理，天有五气：金、木、水、火、土。对应的人秉持这五种天气而自然具有五种常德：仁、义、礼、智、信。当仁则仁、当义则义、当礼则礼、当智则智、当信则信，则人与自身和，与周围人和。和则生财。

在这种儒家思想的滋养下，中国历史上出现很多为人称道的商人。这样的商人秉承儒士美德，诚意守信、以义制利、以利弘义，并且具有权谋天下的智慧。例如，清代晋商王文显，其在《墓志铭》中讲："夫商与士，异术而同心！故善商者处财货之场而修高明之行，是故虽利而不污；善士者引先王之经而绝货利之径，是故名而必成。故利以义制，名以清修，各守其业，天之鉴也！如此则子孙必昌，身安而家肥。"再如，《史记·货殖列传》中记载的春秋战国时期的计然。"计然曰：'知斗则修备，时用则知物，二者形则万货之情可得而观已。故岁在金，穰；水，毁；木，饥；火，旱。旱则资舟，水则资车，物之理也。六岁穰，六岁旱，十二岁一大饥。夫粜，二十病农，九十病末。末病则财不出，农病则草不辟矣。上不过八十，下不减三十，则农末俱利，平粜齐物，关市不乏，治国之道也。积著之理，务完物，无息币。以物相贸易，腐败而食之货勿留，无敢居贵。论其有余不足，则知贵贱。贵上极则反贱，贱下极则反贵。贵出如粪土，贱取如珠玉。财币欲其行如流水。'"

史上儒商的教学目标：通过对历史上著名儒商的学习，能够认识到道德对经商的重要性。

史上儒商的教学形式:主要采用课堂授课和课下游学的形式。

史上儒商的教学资料:课堂上主要是讲授讨论儒商的历史记载。游学主要是参观儒商留下来的重要历史遗迹。通过历史古迹中,儒商留给后世子孙的家风、家训来体会道德对经商的重要性。

(四)营销实践

学以致用。除了感受历史上的商人如何以德经商外,如何在现实中让学生真切感受到道德在营销实践中的重要性非常必要。通过营销实践活动引导学生知行合一,在干中学,在实践中学。

首先,引导学生将传统文化融入营销实践中,学会用传统文化的思维做营销。例如,引导学生应用传统文化中的"形势"观,预测市场变化趋势;把握新产品推出和营销推广的时机;如何通过自媒体等新媒体方式形成自己的势。再如,引导学生用"格物"的功夫辨析营销的商品,从而能够更加精确地定位商品的价值,以及商品所适合的目标消费人群。更进一步,引导学生用"五行"的思维建立企业和合的营销方案。

其次,引导学生走出校门,走向社会,深入市场、消费群体一线。通过实地调查,了解市场上商品的分布状况、消费者需求满足程度的分布状况。通过调查,对国家的经济发展状况,对社会风俗及百姓的生活水平有更加深刻的认识。从而,进一步加深其家国情怀,坚定经世济民、民族复兴、文化自信的历史使命感和责任感。

营销实践的教学目的:以体用为主,通过企业的营销实践活动真真切切地感受到传统文化在企业营销行为中的重要性,并且能够从传统文化的角度对企业营销行为进行分析,以及提出相应的营销策划方案。

营销实践的教学形式:课堂授课、以小组为单位的案例讨论,以及课后组织学生参加实践考察这三种方式相结合。

营销实践的教学资料:课堂授课内容以经世致用的先秦经典为主,例如《管子》《荀子》《孙子兵法》等与管理、战略密切相关的历史著作,以及《天工开物》《食货志》等与营销密切相关的历史著作。案例讨论主要是以当下正在发生的企业营销行为为例,从传统文化天道人德的角度对其进行分析,预测其将来发展情况。课后组织学生参加实践考察,以游学为主,去以传统文化为企业文化的公司观摩学习。

四、结语

《礼记·大学》载："德者本也，财者末也。"本立而末正。以传统文化重塑营销职业道德，为中国特色社会主义建设输送德才兼备的营销人才，是历史所驱、时代所向。培养具有传统文化思维和行为武装的营销人员，有利于中华民族的伟大复兴，有利于国家的安定团结，有利于企业营销活动的可持续性，更有利于增强学生的历史使命感与责任感、工作积极性与工作热忱。

【参考文献】

[1]李怀斌,李响,毕贺轩.论"共主体"营销话语的建构与践行——关于现代营销近视症的矫治研究[J].中国工业经济,2012(2):98-107.

[2]林思勤.中职市场营销专业中传统文化教学的思考[J].时代教育,2017(12):43-44.

[3]管子[M].北京:中华书局,2019.

[4]老子[M].北京:中华书局,2019.

[5]礼记[M].北京:中华书局,2019.

[6]孟子[M].北京:中华书局,2019.

[7]司马迁.史记[M].北京:中华书局,2019.

[8]周易[M].北京:中华书局,2019.

[9]黄帝内经[M].北京:中华书局,2019.

[10]北溪字义[M].北京:中华书局,1983.

[11]顾春梅.新编市场营销学[M].杭州:浙江工商大学出版社,2009.

[12]杰克·特劳特.定位[M].北京:机械工业出版社,2017.

[13]迈克尔·波特.竞争战略[M].北京:中信出版社,2014.

[14]菲利普·科特勒.市场营销:原理与实践(第十六版)[M].北京:中国人民大学出版社,2015.

[15]孙山.93.0%受访者觉得商家营销噱头普遍存在[N].中国青年报,2018-04-17(7).

第三部分　新营销人才培养模式探索

XIN YINGXIAO RENCAI PEIYANG MOSHI TANSUO

基于协同创新的高层次商贸人才培养路径研究

范 钧 唐 丽

摘 要: 我省商贸业的飞速发展使得专业人才的需求不断增长,但商贸业"产学研一体化"人才培养模式缺陷不断凸显。本文探讨了在协同创新这一新模式下对商贸业高层次人才的培养。

关键词: 协同创新;人才培养;商贸;高层次人才

一、引言

商贸流通优势是浙江经济一个新增长点。改革开放以来,浙江商贸流通业发生了巨大变化,新型的商业运营模式即电子商务发展空间异常广阔,不断促进原有商贸专业化市场范围的扩大,商贸业交易成本的降低,以及商业经营管理方式的创新。面对这一新情况,最为基础和关键的是要培育大批高质量的、能适应现代商贸业发展要求的高层次人才,提升和优化现有商贸流通业人才队伍的综合素质。

相比较而言,国外更加注重协同创新理论在企业之间协同软件上的应用,更强调协同创新所要求的知识共享保护制度的建设,甚少直接运用于高校人才培养。当然,国外也十分重视对商贸高等教育人才培养模式的研究,早在 1922 年就有人匿名在《劳工评论》上讨论零售业的人才培养问题,随后对会计、国际贸易、跨国贸易等方面的人才培养探讨不断增多。最典型的要数美国的 Bluesdome。他在 2004 年提出,商贸高等教育应重视提高学生的综合能力和创新能力,应特别突出对学生独立性、自主性、综合性和创新性的培养。

从国内来看,对商贸流通高层次人才培养的探讨一般分为三个阶段。一是注重应用实践的人才培养阶段。这主要从课程体系设置、教学方法及培养目标上下功夫,重点强调高校内部微观调整。如徐盈群(2004)根据商贸类专业人才培养的特点,从课程体系、教学方法和教学管理机制入手探讨了人才培养模式创新的内容;肖怡(2006)对商贸流通专业人才培养目标、培养模式和课程设计进行了探讨;等等。二是构建学校、企业、毕业生的产学一体化合作模式,不只强调实践课程,更强调系统化训练。如黄俐波(2006)提出从构建学校、企业、学生"三赢"模式着手,探索适应商贸企业发展的应用型人才培养方法;史志贵(2010)提出产学一体化是高职院校人才培养的重要途径,商贸类专业可从多种模式中选择适合自己的进行实践,并对教育教学方式进行系统改革、创新;等等。三是在校企合作模式基础上强调高层次人才的信息素养、外语水平及国际视野等内涵。如杨泳波(2012)在分析信息素养教育现状的基础上,阐述了加强信息素养教育在提升学生学习能力与创新创业能力,促进高校商贸服务类专业教学改革与数字化校园建设中的意义;林新波(2011)提出现代流通业人才受教育程度偏低,结构不合理,培训市场相对混乱无序,存在诸多问题,严重制约商贸流通业人才的成长,提出加强对流通业人才培养的宏观指导,完善流通人才培训体系,整合产学研资源培养各级各类流通人才,创新流通业人才培养模式等几个路径。

在此基础上,本文对创新流通业人才培养体系进行了再思考,提出在协同创新机制下,通过体制机制创新,解决产学研合作中的若干问题,使各方在最大程度上达到共赢,从而借助各方资源培养现代化的商贸高层次人才。

二、高层次商贸人才培养现状

根据本文作者1000份调查问卷(80%的回收率)显示:目前大部分高校与企业、科研院所等之间虽已有产学研合作雏形,但缺乏现代意义上的协同创新,资源共享有所欠缺,深入合作交流不够,最后只剩下"面子工程"。主要表现如下:第一,教师自身知识结构不适应现代企业的需求,在实际管理中会遇到各种交叉学科难题,是目前通识教育模式下课程体系中所没有涉及的,更谈不上将这些知识教授给学生;第二,高校职称晋升制度及考评体系削弱了高校教师走向企业的动力,现有的考评体系中尚未有产学研合作和创新性培养人才方面的要求及指标;第三,高校通常安排学生在节日、寒暑假、双休日去企业锻炼学习,而不是企业忙、人员紧张的时候,往往给企业添麻烦、加包袱,使得合作非常被动;第四,松散的、研究方向单一的团队结构制约了教师与企业合作的发展空间,能够为企业解决问题的空间舞台不大;第五,虽然强调高层次商贸人才的培养愿景,但对高层次人才培育缺乏清晰的执行路线图;第六,传统的商贸人才培养目标受到挑战,尤其是在中国市场与国际市场接轨之际,贸易经济人才专业知识结构应有较大的变革,应将人文素质、国际交流语言、商贸基础知识和商贸技能有机地结合起来,培养内贸与外贸结合、贸易与投资结合、人文知识与自然知识结合,具有多种综合实践能力和较高综合素质、完整人格特征和团队合作的高层次人才。

　　以上诸多因素一起构成了高等学校商贸高层次人才培养过程中教学方式、方法改革向纵深发展的瓶颈。

三、基于协同创新的新模式与新机制

　　关于协同创新,有一种说法称是美国麻省理工学院斯隆中心(MIT Sloan's Center for Collective Intelligence)的研究员彼得·葛洛(Peter Gloor)最早给出定义,即"由自我激励的人员所组成的网络小组形成集体愿景,借助网络交流思路、信息及工作状况,合作实现共同的目标"。主要运作形式即是产学研协同创新。有学者提出,产学研协同创新是指企业、大学、科研院所(研究机构)三个基本主体投入各自的优势资源和能力,在政府、科技服务中介机构、金融机构等相关主体的协同支持下,共同进行技术开发的协同创新活动(严雄,2007)。其本质属性是一种重要的管理创新。灵活运用协同创新机制打造高层次商贸人才培养体系。

(一)汇聚校内优质资源,优化商贸业高层次人才跨学科知识储备

　　人文社会科学和自然科学犹如"车之两轮",特别是对集商品流、信息

流、资金流和物流于一体的现代商贸业而言,其对信息、智能技术及供应链管理等先进技术的依赖远大于其他产业。因此在对商贸人才培养上,应注重文理协同,实现学生全面发展。现代商贸高层次人才除了能够胜任商贸管理部门和商贸企业有关工作外,还能在财政及国有资产管理部门、发展和改革部门、有关监管部门及银行、工贸企业等需要进行商业运作的企业从事相关的工作。各高校可组建各类跨学科研究中心、教学中心等,开设商贸类跨学科课程,以整体组合的课程替代严格的学科分类课程,为高层次人才带来不同的学科视野和综合化的知识结构。

(二)汇聚社会优质资源,培养商贸业高层次人才创新实践能力

校政合作,为高层次商贸人才培养提供体制保障。各高校早已提出推动跨领域、跨部门、跨学科的"产、学、研"交流合作,而协同创新理论更加强调政府在协同中扮演的角色。政府应该加强教育体制改革,建立健全教师开展创新型教育的激励机制和保障机制;注重商贸业这门新兴学科的开发,做到适销对路;等等。为促进高校与企业、科研院所、行业协会之间的协同等提供机制体制保障,使各方在良好的大环境下寻找利益结合点,实现开放、互动、相助、多赢。

校企合作,培养商贸业高层次人才实践能力。商贸类专业其技能运用的艺术性更胜于科学性,"商务谈判"可走出课堂,进行实地商业谈判,探索"学习—实训—再学习—再实训"的能力培养方法,由校内导师带队转变为校企双导师联合指导;聘请企业高层管理人员兼职授课,联合设置对接市场课程,联合培养学生;与企业合作共建商贸专业实验室,如营运型校内超市,由高校教师和企业兼职教师指导,学生自主管理,进行正常营运工作,熟悉和掌握分店的订货、接货、商品陈列、收银、POS系统操作等实战经验,使学生具备较强的综合运用知识的能力与创新能力。

校院协同,培养商贸业高层次人才团队合作能力。依托科研院所优质创新团队和优质科研资源,瞄准国家相关重大战略需求和世界科技前沿,整合科技队伍,共同构建优质资源平台,开展相关理论和技术研究合作的科研协同创新。在科研协同创新过程中,学校与研究所(院)双方将导师、项目、平台整合起来,实现无缝对接。

校行合作,保证商贸业高层次人才培养的质量和稳定性。行业协会和商会应结合本行业生产、技术发展趋势及人才队伍现状,做好需求预测和培养规划,协助高校开展人才需求滚动调查,进行人才培养目标和规格的研究,共同制定和修订专业教学计划,合作编写商贸专业教材和聘任兼职教师,协助学校落实企业实习基地,进行学生就业指导和聘用工作,保证高等教育的质量和稳定性。

校校协同,扩展商贸业高层次人才知识获取空间。在强调教与学协同、科研成果转化的纵向协同时,也要注重横向协同。高校之间的联合办学已是现代教育协同发展的必然趋势。在协同创新过程中,把学校的办学优势、特色结合起来,开展教师互派、学生互换、学分互认和学位互授联授,弥补商贸专业理科不足、信息技术不足,通过教育资源和师资共享,产生"1+1>2"的效应,同时有效地扩展了学生的知识获取空间,激发学生创新潜能。

(三)汇聚国际优质资源,开拓商贸业高层次人才国际视野

随着全球经济结构调整和跨国公司重新调整全球生产布局,世界最大的 500 家跨国公司中已有 400 多家在中国设立了企业,并建立起配套产业群。各高校应明确"外语、外事、外经、外贸"等涉外人才培养,加快引进国(境)外高层次人才和优质教育资源,通过任课教师的培训培养、全英教材的引进与建设、全英教学方法的改革与实践,积极与国(境)外著名大学和科研机构合作,打造海外学习平台,把学生培养成为知识面宽、适应性强,熟悉国际规则,具备国际视野和国际竞争力的高层次人才。

四、结论

协同创新思想突破了传统线性、链式创新模式,呈现出非线性、多角色、开放性的多元主体互动协同特征,不再强调"政、产、学、研、用"的简单合作,而是一种不断优化体制机制的管理创新,协同各方合作更加紧密,校政协同创新为高层次人才培养提供体制机制保障,校行协同保障人才培养系统化,校内协同打造跨学科人才,校企协同打造应用人才,校院协同打造学科前沿人才,校校协同打造全方位人才,国际资源荟萃培养国际竞争力,这些要素正是现代商贸高层次人才所缺乏并急需的素质。只有通过协同创新体系，才能培养出符合 21 世纪需求的商贸高层次人才。

【参考文献】

[1]徐盈群.商贸类专业人才培养模式创新的实践和思考[J].浙江工商职业技术学院学报,2004,3(4):74-75.

[2]肖怡.商贸流通专业人才培养模式探讨[J].江苏商论,2006(4):33-34.

[3]黄俐波.商贸企业应用型人才培养探索.企业经济,2006(2):115-117.

[4]史志贵.商贸专业产学一体化人才培养模式探讨[J].湖南工业职业技术学院学报,2010,10(4):111-112.

[5]杨泳波.商贸服务类人才的信息素养教育研究[J].中国商贸,2012(30):242-243.

[6]林新波.完善现代流通人才培养的必要性与路径选择[J].全国商情(理论研究),2011(9):3-4,18.

[7]林新波.流通业人才培养体系创新的思考[J].中国市场,2011(32):167-169.

[8]GLOOR P A . Collaborative innovation networks——How to mint your COINs? [EB/OL]. [2020-12-15]. https://xueshu. baidu. com/usercenter/paper/show? paperid=52ad2ebdb69ec12092e50266bdab4574&site=xueshu_se.

[9]严雄.产学研协同创新五大问题亟待破解[N].中国高新技术产业导报,2007-03-19(6).

基于数字化营销能力的营销专业人才培养模式研究

许翀寰

摘　要:本文通过剖析数字营销的本质,结合大数据营销环境下对营销人员新的综合能力的要求,提出本科层次市场营销专业学生培养的具体改革措施,促使学生能将市场营销学理论方法与实践紧密结合,提升竞争力。

关键词:数字化营销;教学模式改革;专业培养

一、引言

随着大数据技术的迅猛发展,企业竞争日趋激烈,长尾效应的重要性日渐凸显,个性化推荐服务质量的提升愈发迫切。种种这些催生了数字化营销的发展。数字化营销的概念非常简单,其实质是使用数字传播渠道来推广产品和服务的实践活动,从而以一种及时、相关、定制化和低成本的方式与消费者进行沟通。数字营销包含很多互联网营销(网络营销)中的技术与实践。数字化营销的范围更加广泛,还包括很多其他不需要互联网的沟通渠道。因此,数字化营销的领域就涵盖了一整套元素,如手机、短信/彩信、显示/横幅广告、数字户外广告等。数字化营销的最终目的是利用客户的消费行为、地理位置、销售时间及客户的社交信息等实现精准营销。像谷歌、亚马逊、脸书、阿里巴巴、京东等都在着力数字化营销的推进与发展,以新的技术、新的模式颠覆传统的营销工具。

市场营销学起源于 20 世纪初的美国,20 世纪 50 年代后传播到西欧、日本等国家和地区，20 世纪 70 年代末 80 年代初传入我国。国外学者认为市场营销的教学创新分为两类：以结果为导向，以技术为导向。结果导向的课程教学方式的主要原则在于采取批评与辩论式的思考方式，强调问题的解决、有效率的沟通、有责任感的企业管理方式。技术导向的课程教学方式强调复合的、多元化的思考方式，培养分析信息、解决问题的能力，培养人际交往的能力。经过几十年的发展，各大高校针对营销人才的培养模式有了翻天覆地的变化，也在与时俱进地探索，但还是存在一些不足。

首先，营销教学与实践结合不紧密。市场营销学是一门实践性很强的课程，无论是本科院校还是高职院校，在市场营销教学模式的培养上，还是以理论为主，辅以一些教学软件模拟实践环节。但这种模拟环境和实践存在着较大的差距，绝大多数没能深入结合企业，了解营销实施的特性，特别是数字化营销的行业诉求。

其次，多渠道的互动性教学沟通不足。为了丰富市场营销学的教学手段，各种新型的教学工具不断涌现，诸如慕课、微课等。这些教学方式最早诞生于国外，被引入国内后进行创新和拓展。教师与学生的沟通交流也日益增多，但目前这种教学形式的互动性还有待进一步提升，实践性需要加强。

因此，基于大数据的数字化营销人才培养模式的创新迫在眉睫。各大高校应该符合大数据时代的特征，为课堂教学与实践的紧密结合提供有力支撑，培养数字化营销人才。

二、国内外研究现状

虽然数字化营销已经在企业中开始应用，并引发全社会的关注，但是面向大数据营销能力的人才培养方式目前还比较欠缺，文献数据库中关于数字化营销人才培养的专业论文数量极少，可以借鉴的研究成果十分有限。Amber 探索了社交媒体平台在市场营销教育中的多种用途，并指出了使用 LinkedIn 作为市场营销教学工具来教授复杂市场营销技能的巨大潜力。研究人员发现，LinkedIn 不仅仅是在商业课程里教授专业发展的有效资源，更可以作为一个让学生探索新兴专业技能的平台，比如内容营销、在线信誉管理、搜索引擎优化等（Amber，2016）。许翀寰（2018）等指出，现代营销始终处于运行模式不断创新、管理方式不断提升和人才能力素质要求不断提高的动态变化与发展氛围中。特别是大数据时代的到来，数据分析在营销过程中的地位越来越重要。现有的市场营销学课程教学与人才培养模式鲜有将大数据营销分析融入其中的。而且教学形式还比较单一，对学生个性化的教学模式尚未显现。因此，营销教学需符合形势发展的要求，需要对原有的教学方法和人才培养体系进行改革和创新，以培养面向动态能力需求的现代营销专业人才。马琦（2018）基于对大数据营销能力的解读和高校数据营销培养方式中现存问题的分析，构建了市场营销专业本科层次学生大数据营销能力培养模式。该文指出，应依照大数据营销能力所包含的营销管理能力、数据采集和存储能力、数据准备和预处理能力、数据分析能力来确定培养目标。一方面考虑这个领域是市场营销专业学生的专业特长所在，另一方面也考虑企业实际需求，这是未来市场营销专业对口的从业人员在企业大数据营销团队中应当直接承担的主要任务。樊欢欢（2018）指出，互联网大数据是未来几年社会发展的主流方向，教育教学模式源于社会，所以为了让教育教学模式紧跟社会脚步，要将互联网大数据完美融入现代教育教学当中，通过实行新型 O2O 教育模式，实现数字化教学资源共享，将传统教育方法进行大规模整合，组合成混合式教育，使高校教育模式贴合社会发展趋势，形成适合学生发展的教育教学模式，为社会输送有价值的人才。赵凤荣（2015）等将企业的营销活动形象地展现在 ERP 沙盘上，有效激发学生学习的积极性，使学生将所学的营销知识有效运用到实践中。通过对市场营销课程教学中存在的问题的分析和对 ERP 沙盘模拟中的营销方法的研究，探讨了 ERP 沙盘模拟在市场营销课程中的实施及效果，以期实现课程资源的有效整合，增强市场营销课程的教学效果。魏守道（2016）指出，目前各大高校市场营销学课程由于定位不清晰、授课内容缺乏时代性、教师自身营销经验不足等因素的制约，使得市场营销课程一直没有达到预期的教学效果，迫切需要加快教学改革。并提出以能力为导向，对当今高校的国际市场营销教学中存在的问题进行深入分析，给出相应的对策。

三、教学模式实施方案

基于数字营销能力的营销专业培养模式研究,其核心在于根据学生不同的需求、不同的目的,进行动态可调的有机组合,促进数字化营销人才的培养。研究构建打通学生学习实践需求和自主创新能力训练的资源优化调配—数字创新能力提升的双向通路模型。

本教学模式的实施采用深入访谈、问卷调查与数理统计分析、数据挖掘分析相结合的方式。具体的步骤如下:

首先通过文献回顾与综述,确定国内外在市场营销领域的人才培养模式与方法。西方发达国家的市场营销人才培养基本是从硕士起步的,以MBA为重要对象,然后扩展到学士和社区大学层面,发展轨迹由高层次素质型先导,然后向低层次技能型延展,教育方式呈现多元化,有独立专业、特别项目、课程模块、课程渗透等。

其次,调查国内主要高校在市场营销教育方面的课程体系设置与人才培养模式,调查目前市场对市场营销人才需求与应用的实际情况,分析需求与供应的关系,实现精准定位。我国国内市场营销专业的大规模建设始于专科,然后是本科教育,现在也在硕士和博士层次设置相关的研究方向,发展轨迹基本是由低层次技能型先导,然后向高层次素质型延展。国内外市场营销的培养模式虽然走着两条不同的轨迹,但随着营销思想的不断发展,核心理念逐步趋同。

再次,针对市场营销的创新创业能力培养目标,拓展市场营销专业知识体系规范,构建多维多层关系型知识体系,以满足新形势下营销人才培养要求。研究“政府—学校—企业—园区”服务联动与服务聚合的市场营销数字化能力培养模式,设计“立体、互补、互动、真实、共享”的多资源融合联动平台,研究设计面向数字化营销人才培养的服务集,形成政产学研联动、层次递进的市场营销高层次人才产学研合作培养新途径。

最后,根据市场营销人才社会需求,对高校、人才市场、招聘网站进行数据收集与分析。根据数字化营销人才的不同类型,研究设计教学、科研竞赛、实践、实战柔性组合的人才培养机制,研究建立数字化营销人才个性化培养的资源配置策略,形成层次递进的创新创业能力提升路径。

四、结论

市场营销模式的变化与快速发展迫切需要高校培养出面向动态能力需求的数字化营销人才。设计分层数字化营销人才培养体系,可以基于"六要素法"(需求—能力—课程—教学—监督—反馈)的人才培养架构,通过前三要素(需求—能力—课程)制定数字化营销能力培养方案,首先动态地进行标准化职务分析、能力需求分析,然后根据分析结果确立对应的知识模块、课程体系;通过后三要素(教学—监督—反馈)探索数字化营销人才的培养路径与方法,通过课程/实践/实战确保教学任务的实施,多种方式激发学生的学习兴趣,确保所学内容契合社会实际,通过双向教学质量监控体系对教学体系进行评估,保证教学实施严格执行,通过对校友的调查并获取教学反馈,重新分析岗位性质造成的能力需求变化,促使数字化营销人才培养体系建设是一个不断循环递进的过程。

【参考文献】

[1]AMBER L,HUTCHINS. Beyond Resumes:LinkedIn for Marketing Educators [J]. Journal of Research in Interactive Marketing,2016,10(2):137-147.

[2]许翀寰,陈庭贵.大数据背景下的市场营销学教学模式改革与人才培养研究[J].教育现代化,2018,5(4):20-25.

[3]马琦.基于大数据营销能力的市场营销专业培养模式探讨[J].智库时代.2018(1):14-17.

[4]樊欢欢.大数据时代市场营销专业教学创新研究[J].教育与信息化,2018(5):146-148.

[5]赵凤融,裴冬梅.ERP沙盘模拟在市场营销教学改革中的应用[J].中国管理信息化.2015,18(22):247-248.

[6]魏守道.基于能力导向的国际市场营销教学改革探讨[J].湖北经济学院学报(人文社会科学版),2016,13(3):199-201.

普通高校研究生培养问题与对策研究
——以经管类研究生为例

袁安府

摘　要：普通高校研究生招生时，过于侧重对应试能力的考查，对学生研究能力的考查不够，存在招生时的"饥饿症"；对研究生培养课程统筹协调不够，有些授课内容是本科的延续，缺少团队指导等，造成培养中的"贫血症"；为了完成就业指标，压缩学制，设计的实习环节没有和研究生的培养相结合，产生了就业时的"强迫症"。要解决这些问题，招生时需要注重思辨能力考查，完善研究生选拔机制；在培养中，应完善研究生课程体系设置，统筹协调各课程，消除因人设课现象，加强导师组建设；要唤醒研究生角色意识，提高他们的人文素养，增强研究生就业竞争力。

关键词：普通高校；研究生；招生；培养；就业

一、快速发展的研究生教育

20世纪90年代后期，随着高等教育从精英教育到大众教育的转变，我国研究生教育随之快速发展。1997年以来，我国研究生招生增长率连续6年超过20％，招生规模迅速扩大。至2006年，招生数、在校生数、毕业生数分别是1997年的6.2倍、6.3倍和5.5倍。经过这10年的快速扩招，由于基数的增加，近些年研究生招生人数总体增速有所减缓，但绝对增幅仍非常大，至2017年全国研究生招生计划总人数为51.72万，是1997年的8.05倍。受疫情影响，2020年研究生招生规模进一步扩大。我国研究生教育高速发展的同时,培养研究生的资源日益紧张,研究生教育日益本科化,导师对研究生培养日益形式化。

非"211""985"的普通高校,因为招生基数低,近几年研究生招生人数增幅明显高于全国平均水平。由于研究生培养的基础相对薄弱,此类学校研究生培养存在的问题更加突出。经管类是研究生报考的热门专业,经济学硕士研究生招生规模从 2010 年 17837 人增长至 2015 年 27158 人,增幅达到 52.3%,而管理学硕士研究生招生规模从 2010 年到 2015 年增幅达到 158.5%,从 2010 年的 30753 人,增加至 2015 年 79517 人。经管类学科研究生招生人数已超过全国研究生招生总人数的六分之一。本文以经管类研究生为例,探讨普通高校研究生培养存在的问题,并提出相应的对策,具有典型意义。

二、普通高校经管类研究生培养存在的问题

(一)招生时的"饥饿症"

与"985""211"高校相比,普通高校对研究生考生吸引力不足,考生的数量和质量远不及"985"或"211"院校,一志愿报考及上线生源不足,经常需要调剂。由于公共课是国家统考科目,为保证研究生招生的顺利完成,部分高校通过降低专业课考试难度与评判标准来提高一志愿的上线率。

相对于学科基础的公共课,专业课水平测试对研究生未来专业研究更有针对性,专业课水平测试更能检验考生是否适合从事专业研究。而专业课考试难度与评判标准的降低利于应试型考生,不利于思辨型考生。通过面试环节本可以弥补统考环节未能检验考生科研能力和毅力的不足,但有些高校为保持对第一志愿考生的吸引力,只注重面试形式上的公平与公正,几乎全部录取第一志愿考生,淘汰的基本是调剂生。这就错过了一部分综合素质和创新能力相对较强的学生。

普通高校偏重研究生招生一志愿上线率,弱化研究能力与研究品质考查的招生方式,导致普通高校研究生招生的"饥饿症"。

(二)培养中的"贫血症"

由于研究生招生数量剧增,硕士点、博士点新增过快,使得普通高校研

究生师资、培养经费等资源严重不足。有的高校甚至出现一个导师带十几个甚至几十个研究生的情况,学生难以得到精心指导。2000 年全国在校硕士研究生数量为 30.12 万,招生人数为 12.85 万,导师数为 8.88 万,平均每位导师指导 4 名硕士研究生;此后连年大幅扩招,到 2013 年全国硕士研究生导师人数是 2000 年的 3.5 倍,在校研究生人数是 2000 年的 5.9 倍,平均每位导师指导的研究生人数上升为 8 人。部分普通高校为了解决导师紧缺问题,降低导师遴选标准,致使导师队伍整体水平下降。浙江省某经管类普通高校 2015 年硕士招生 1186 人,研究生招生规模是 2007 年的 1.67 倍,为解决指导老师不足的问题,同时大幅增加了导师人数,目前师生比达 1∶2,但由于对指导学生人数没有限制,老师指导学生人数不均衡。有些导师无生问津,而有的老师每年指导 3—4 位学生,除博士、学术型硕士,还有专业型硕士和 MBA,3 届加总起来,这些老师指导学生达 15—20 人之多。

这些年,越来越少的高校实行导师组式的研究生指导方式,普遍采用事实上的"师徒制"。由于单个老师知识结构、学术视野的限制,对研究生的培养带来很大的负面影响。在研究生课程师资安排上,相当部分的学校向职位和资历倾斜,对授课教师的知识结构甚至知识老化的问题关注不够。有些老师授课是对本科授课内容的重复,这在经管类研究生的核心课程如经济学、管理学方面尤其突出,这样的师资安排对研究生培养的质量造成严重的影响。

在课程设置上,学校从基础理论知识、研究方法、教学视野几方面设置了较为健全的课程体系,但是各课程之间统筹协调不足。很多老师对该课程体系的整体认知不够,没有对授课内容与成绩考查的方式做出适宜的调整,缺少与其他课程的协同。由此造成学生学业过重,第一学年很难有时间和精力介入科研工作。学生研究兴趣和研究习惯的培养是一个漫长的过程。研究兴趣和研究习惯是研究成果的保证。实际两年不到的研究时限,很难让研究生产出高质量的研究成果。

经管类研究生招生人数盲目扩大、导师数量与招生不均衡、导师指导制度单一、课程设置不合理这些问题,在很大程度上影响了当下研究生培养质量,造成研究生培养中的"贫血症"。

(三)分配时的"强迫症"

学生的就业率广为管理部门所重视,研究生的就业指标更为高校所在意。近年来高校对研究生几乎设定了百分之百就业指标。经过多年的大量扩招,经管类研究生的社会需求渐趋饱和,学校为了提升学生适应社会的能力,提高就业竞争力,同时也为了给学生科研工作的开展和毕业论文的写作提供实际调研的机会,设置了实习环节。作为经管类研究生,实习是认识社会的必要过程。提供实习机会的单位通常只是从自身岗位需要出发,对实习的研究生学习知识、提高技能的需求考虑不足。因此当学生进入实习单位,大多做的是日常事务性工作,很少能进行岗位轮转,学生不能得到较为全面的锻炼,这与学校及研究生的初衷有很大的距离。此外,高校对学生实习缺乏后续的跟踪管理和监督,对实习结果缺乏必要的考核,难以保证学生实习的效果。有些高校规定研究生实习的时间过长,变相缩短了学生从事学术研究和撰写毕业论文的时间,对研究生培养的质量造成很大的影响,降低了研究生就业的竞争力。高校由于研究生就业指标压力,缩短或变相缩短研究生学制,引发研究生分配时的"强迫症"。

三、改进普通高校经管类研究生培养的对策

(一)注重思辨能力考查,完善研究生选拔

研究生的选拔应该完成从应试选拔向能力选拔的转变,招生考试应该注重对考生综合素质的考察,重视对考生科研潜力的判断,在关注研究生专业知识考查的同时更要注重对研究生思辨能力的检验。在考试内容上,尤其是专业课,对考生专业课的知识点以客观形式进行必要考查的同时,更应注重对考生思辨能力的检测。为了进一步对考生研究能力进行考查,在确保公平公正的基础上,复试应更加注重对考生的兴趣爱好与专业的一致性,考生的考研动机、毅力等与科研相关的非专业素养的考查。高校要改变复试沦为一种形式的局面,加大复试成绩权重,结合考生在本科阶段的各方面表现,最终决定是否给予录取,努力避免录取不适于从事研究工作的应试型考生。

（二）完善研究生课程体系，加强导师组建设

学校要结合专业的特点和学科发展的实际，完善课程体系设计，消除因人设课的现象。加强对课程的统筹协调，使相关老师明确各课程开设的目的与考查方法。确保教师对课程内容的讲授、作业的布置、课程的考查符合课程体系设计的整体要求。对研究方法和基础知识类的课程要以考试形式检查学生的掌握程度，对专题讲座式的开拓学生知识面的课程要采取有针对性的灵活的考查方式。

研究生导师与学生双选之前，学校对研究生选择导师要给予相应的指导，让新生对未来学习研究有一个明确的认识。在双选时，要给研究生导师和学生提供双向交流的平台与机会，使学生了解老师的研究方向、研究选题及他们对学生的具体要求。同时，学校要给老师提供尽可能详尽的学生资料，增进老师对学生的了解，减少双选的盲目性。

师徒制研究生指导方式不利于不同导师、学生之间的交流，同时易于形成门派之见，不利于学生的成长。学校应该健全导师负责制，帮助学生开阔思路、博采众长，避免导师制下导师对学生的"放养"或"专制"，便于培养学生健全的人格，保证与提高研究生培养质量。这不仅有利于学生科研能力的培养，也将极大地提高学生就业的竞争力。

（三）强化研究生角色意识，加强就业指导

普通高校需要建立和完善就业机制，形成研究生个人、高校与企业的互动机制。

除了部分研究生继续深造，大部分研究生会选择就业，因此对研究生就业意识的培养十分必要。就业意识中，角色意识的认知非常重要。研究生是高素质的人才，在工作中应该发挥出其特有的研究能力，以自身优势体现出与本科生等的差别。目前研究生普遍缺乏角色意识，没有从研究生层面去认识未来的工作，未能学以致用，导致用人单位的不满和研究生自己的挫败感。因此，在确保研究生认真完成学业，具备应有的研究能力的同时，学校应努力唤醒研究生角色意识，塑造其身份认知，让研究生在工作中展现出其应有的姿态。

学校应加强与企业的沟通，制定符合研究生特质的实习计划，提供适宜

的实习岗位,实现岗位轮转。在实习安排和实习考核上,考虑学生还未正式走向社会的实际,制定有针对性的考核指标,并进行相应的指导与考核。

另外,由于大部分高校的课程重点放在专业理论与研究技能培养上,淡化了对学生人文素养的培养,严重制约学生综合能力的提升,最终不利于学生理想就业。只有注重人文素养,才能培养出具备较强思辨能力、创新能力和文化素质的学生。因此,学校与导师应该有意识地注重对研究生人文素养方面的教育,形成健全的人格,提升他们就业的竞争力。

【参考文献】

[1]周学荣,沈鹏.高校研究生教育存在的主要问题与思考[J].皖西学院学报,2008,24(4):33-36.

[2]郑兆兆.关于如何保证和提高研究生教育质量的探讨[J].教学研究,2010(3):40-4.

[3]谢安邦.构建合理的研究生教育课程体系[J].高等教育研究,2003(5):68-72.

[4]陈平.论导师负责制与研究生学术品质培养[J].学位与研究生教育,2007(1):34.

[5]李利华.改革研究生培养模式,提升研究生教育内涵[J].黑龙江教育(高教研究与评估),2010(1):11-12.

[6]李敏,毕钰婷.我国硕士研究生教育过度的表现及影响探析[J].黑龙江教育(高教研究与评估),2010(3):1-2.

[7]苏力.数量与质量——中国研究生教育的问题和回应[J].北京大学学报(哲学社会科学版),2010(1):122-132.

[8]周太军.我国硕士研究生教育的学制变革[J].理工高教研究,2010(2):91-93.

[9]段冷昕,叶青海.基于培养质量的我国硕士研究生导师制度改革[J].黑龙江高教研究,2009(9):101-103.

[10]陈新忠,董泽芳.研究生培养模式的构成要素探析[J].学位与研究生教育,2009(11):4-7.

[11]程斯辉,王传毅.研究生培养模式:现实与未来[J].学位与研究生

教育,2010(3):50-53.

[12]李盛兵.研究生培养模式研究之反思[J].教育研究,2005(11):55-58.

[13]武毅英.对我国研究生培养机制改革现状的思考[J].教育研究2008(9):65-70.

[14]罗尧成,孙跃东.机制构建:研究生培养机制改革的路径探索[J].中国高等教育,2009(10):33-34.

[15]严晓凤.当前研究生导师制度的问题与对策分析[J].黑龙江史志,2011(23):191-193.

[16]雷永林,王维平,朱一凡,等.以小导师为核心的研究生培养模式初探[J].学位与研究生教育,2010(4):17-21.

高校学生持续使用移动学习 App 行为研究构想^①

宋金柱

摘　要:当下越来越多的大学生在使用各式各样的移动学习 App 随时随地地学习。尽管已有研究探索了影响他们接受移动学习 App 行为的因素,但仅止于开始使用阶段,而少有研究去探讨影响他们持续使用移动学习 App 的机制。本文提出了分析大学生持续使用移动学习 App 行为的研究构想,以期为相关研究提供思路。

关键词:移动学习 App;持续使用;大学生

一、问题提出

如今,智能手机已在高校学生中普及,且有着极高的使用频率,大学生对移动平台上各类新颖的 App 应用抱有极大的兴趣,其中就包括各种移动学习 App。越来越多的大学生在移动环境下基于 App 进行随时随地的学习。近期,国外教育研究机构发布的一个调查报告证实,借助手机 App 能够帮助学生构建知识体系、强化记忆知识点,同时使查阅学习资料、处理作业变得更加简单便捷。对移动学习 App 的相关研究已成为当下移动学习领域中新的研究热点。

目前,国内外各类移动学习 App 应用层出不穷,越来越多的教育机构

---

①　本文受浙江工商大学高等教育研究课题(Xgy17056)资助。

参与到移动学习 App 的研发与推广中。如同所有的创新一样,各种新兴的移动学习 App 要实现成功推广与普及,不仅在于自身技术先进、有良好的用户使用体验,更重要的是要解决用户对它的认知、接受和持续使用等问题。基于此背景,本文以时下在高校中流行的移动学习 App 为研究对象,以高校大学生为研究目标群体,提出定位于研究大学生基于移动学习 App 的学习行为的设想,拟深入探究早期的采纳 App 及后续长期使用 App 的学习行为的影响因素。

二、可能的研究意义

(一)丰富移动学习领域研究

移动学习已成长为一个多学科参与、多领域交叉、多主题综合的研究主题,是国内外教育技术领域的核心研究内容。尽管近年来相关研究发展迅速,但与其他教育技术研究领域相比,该领域研究仍然处于起步阶段,尤其是缺乏对特定移动学习项目有针对性的实证研究。以大学生接受与使用移动学习 App 应用为研究内容,必将丰富该领域研究,其研究成果对该领域文献起到一定充实作用。

(二)补充移动学习研究理论,为未来研究奠定基础

早期的移动学习研究多是从移动学习提供者的角度或是从技术的角度展开的,较少有研究基于移动学习使用者的角度,尽管有少量移动学习用户采纳研究,但是用户持续使用的问题却被已有研究忽略。若以此为研究重点,揭示大学生群体接受与持续使用移动学习 App 应用的行为机理,将对移动学习研究相关理论做适当补充,为未来类似研究奠定一定基础。

(三)为移动学习 App 应用设计与推广提供参考

当下使用手机 App 来实践移动学习还是较为新型的移动学习模式,而被广大用户广泛接受并持续使用显然是移动学习 App 产业成功发展的关键。该研究能够使教育机构洞见到大学生群体对使用移动学习 App 的认知,以及影响他们采纳和持续使用的机制,从而为业界移动学习 App 应用设计、制定相应产品推广策略等活动提供理论参考。

（四）为相关教育产业发展提供帮助

如今移动学习App产业还处于初期发展阶段，尽管越来越多的教育机构和企业针对大学生群体推出了各种各样的移动学习App应用，但大学生对它们的反应和使用情况未被深入地揭示，整个市场还较为混乱。相关的研究成果能够深入探究和发掘大学生群体使用移动学习App情况，从而为教育管理部门指导大学生群体使用移动学习App应用，以及未来规范、引导移动学习App产业健康发展提供理论支持与帮助。

三、国内外已有研究回顾

在国外，移动学习研究绝大部分属于个案，集中在介绍移动学习项目及探讨移动学习技术领域。但随着学者们意识到移动学习项目成功的关键在于被人们广泛接受，移动学习采纳相关研究在近几年逐渐展开。有学者探索了移动技术和设备对用户使用移动学习系统的局限性，如 Maniar 和 Bennett（2007）总结了8个影响移动学习推广发展的技术问题，Kukulska-Hulme（2007）指出缺乏为移动学习而设计的设备是影响移动学习被广泛采纳的主要原因。还有学者分析了移动学习系统用户的行为，重点挖掘了影响移动学习采纳的因素，如 Huang 等（2007）基于技术接受模型（TAM）发现个体差异、感知有趣和感知移动性是影响个体接受移动学习的主要因素；AlHinai 等（2007）在前人的研究基础上提出研究移动学习采纳需要考虑用户的三个角色——技术使用者、网络成员和消费者；在此基础上，Liu 等（2010）将移动学习者的三个角色修正为技术使用者、消费者和学习者，并由此进一步甄别出了影响移动学习采纳的三个系列的影响因素。

相较于成熟的创新采纳研究领域，国外的移动学习采纳研究处于前期发展阶段，以理论探讨为主，大规模的实证研究较少，并且针对移动学习者的持续使用行为还未有涉猎。鉴于国内外移动学习发展情境有很大不同，因而国外相关研究的借鉴价值较为有限。

在国内，近期有部分学者关注了移动学习采纳行为，如马加宇（2009）探讨了影响我国手机用户对移动学习持有态度的前置性和潜在性因素；刘鲁川和孙凯(2011)研究了影响移动学习系统采纳意向的因素;顾小清和付世容(2013)分析了影响移动学习用户体验的相关因素,并基于此建立了移动学习用户接受模型。类似地,也有学者探索了国内大学生群体接受移动学习系统的行为,如刘根萍和吴凤秀(2011)以温州三所高校学生为研究对象开展的移动学习采纳实证研究。

以上研究虽然以移动学习采纳为主要内容,但在实证中并没有选择某一具体的移动学习项目展开,仅笼统地冠以"移动学习"或"移动学习系统"为研究对象,且各自对移动学习概念的理解有不同偏重。显然,这使得研究结果的实效性有所欠缺,不能对移动学习项目发展实践提供切实有效的指导。再者,它们均直接套用西方技术接受模型,参考国外研究文献以提出研究假设,再采用国内样本加以验证。显然,这些研究没有考虑西方理论在我国的适用性,忽略了对实际情况的考虑,并过度依赖定量统计分析方法以获得研究结论。

基于上述分析,我们认为现有的国内外相关研究存有如下三点可以改进之处:

(1)移动学习用户使用行为研究需要在全面了解用户使用认知的基础上进行。国内现有研究忽略了考虑用户实际使用的现实情况,多是在没有深入了解用户的实际使用行为或认知情况的基础上开展的,从而使得研究视角片面化。未来研究需要系统而全面地了解我国用户对移动学习系统使用的认知情况,进而在此基础上论证、探究他们的使用行为。

(2)持续使用移动学习系统行为需要被深入探讨。已发现的国内外现有文献均未涉及探究用户持续使用移动学习系统的行为。而作为移动学习项目能否取得长期成功的关键,用户的持续使用行为值得深入探讨。尤其是在当下各类新兴的移动学习 App 应用不断上线的情况下,能够长期吸引用户,与用户保持较高黏性,是移动学习 App 应用商业成功的基石。

(3)研究方法亟须创新。国内已有相关研究多直接套用西方模型,过度地依赖定量统计分析方法,其研究结果缺乏实效性和普适性。因此,这样的研究模式需要创新,可采用创新采纳行为研究领域日益流行的混合型研究方法的研究策略,以获得更加真实、客观的研究结果,从而为移动学习相关实践与管理提供切实有效的理论参考。

四、研究步骤与方法

(一)基本思路

本研究采取基于混合型研究方法的研究策略,大致思路如下:

首先,实施质性研究,实地深入探索、调查和了解大学生群体对使用移动学习 App 的认知。

其次,分析认知数据,提取概念性因素,基于前一步质性研究结果与已有研究文献和基础认知行为理论,建立大学生接受和使用移动学习 App 应用行为研究模型。

然后,进行前后三次较大规模的纵向定量实证研究。首次定量研究验证影响大学生接受移动学习 App 应用的主要因素,一个月后实施第二次定量研究,两个月后实施第三次定量研究,后两次研究将用来探索和验证大学生持续使用移动学习 App 的行为及其主要影响因素。

最后,总结整个课题的研究结果,归纳大学生接受与持续使用移动学习 App 行为特征,提出移动学习 App 应用在高校大学生群体中的营销推广策略和规范管理意见,为教育机构和企业在移动学习 App 应用设计、管理等实践活动中提供理论指导,为教育管理部门引导该教育产业市场健康发展提供政策建议。

(二)研究内容与研究方法

基于以上研究思路,研究内容与对应的具体研究方法,可以包括如下四个方面。

1. 实地调研大学生对使用移动学习 App 的认知

对大部分大学生而言,使用移动学习 App 应用进行移动学习是较为新奇的事物,而实地调研能获得丰富且准确的第一手信息,因而非常适合用于前期探索较为新颖的研究课题。基于创新采纳基本理论框架,可以在高校内实地调研以下三点内容:

(1)大学生对使用移动学习 App 进行移动学习的理性认知。

(2)影响大学生接受移动学习 App 应用的社会因素及其影响途径。

(3)学生使用移动学习 App 应用学习的控制能力感知。

研究方法：深入访谈。

采用实地一对一、面对面访谈的形式。访谈问题将依据基本的社会行为理论设计，基于以上三大内容框架进行较宽泛的提问，但问题会根据受访者的回答而逐渐深入。所有的访谈过程将被录音，录音内容将会被转录整理成为文字存档。

2.基于访谈的认知数据提取概念性因素与构建研究模型

基于前期调研数据，深入分析大学生对使用移动学习 App 进行移动学习的认知，回顾已有相关研究文献，基于基础认知行为理论，完成以下两点内容：

(1)提取影响大学生接受移动学习 App 应用进行移动学习的概念性因素。

(2)构建大学生移动学习 App 应用使用行为研究模型。

研究方法：持续比较法与文献分析法。

采用扎根理论中的持续比较法分析认知数据，可以使用定性数据分析软件 NVivo8.0 辅助分析。依据质性研究获得的信息与研究成果，回顾和参考已有的相关文献，提出研究假设，基于概念性因素和认知行为理论，建立研究模型。

3.明确移动学习 App 应用接受影响因素与持续使用影响因素

基于前面构建的研究模型，计划以时下在大学生群体中较为常见的移动学习 App 应用为研究对象，实施三次纵向大规模定量研究，验证影响大学生接受移动学习 App 应用的主要因素，探索影响大学生持续使用移动学习 App 应用的主要因素，完成以下两点内容：

(1)实证大学生接受移动学习 App 应用进行移动学习的影响因素。

(2)实证大学生持续使用移动学习 App 应用进行移动学习的影响因素。

研究方法：问卷调查与数理统计分析。

以调查问卷的方式获取大量的定量研究数据。首次定量研究计划样本数为 1000—1200 名在校大学生，其中既包含已使用用户，也包括潜在用户。后两次定量研究以探究大学生持续使用移动学习 App 行为为研究目标，因而将采用前一次研究中使用的样本,但需要剔除其中自定量研究开展以来就从未使用过移动学习 App 的个体样本。适当的数理统计方法将被用于定量数据分析,SPSS 16.0 等社会科学研究中常用的分析软件将被用于具体的分析工作。

4.总结研究成果,实现研究目标

总结整个研究成果,提炼在校大学生群体使用移动学习 App 进行移动学习的行为特征,发掘影响大学生群体采纳与持续使用移动学习 App 应用的因素。基于该研究成果,实现课题的两大研究目标:

(1)结合国内移动学习项目推广实践,借鉴已有移动学习研究成果,创新扩散理论和市场营销理论,提出移动学习 App 应用营销推广策略,以及为教育机构和企业移动学习 App 应用设计等活动提供建议。

(2)基于国内移动学习 App 应用产业市场实际发展情况,借鉴发达国家移动学习教育产业发展经验,提出我国高校移动学习 App 应用产业市场发展建议,为教育管理部门规范和引导该教育产业健康发展提供政策建议。

五、相关关键问题

该研究需要突破的重点、难点及拟解决的关键问题,如下三个方面:

(一)研究方法有所创新

本研究将采用革新的研究方式作为重点突破的难题,以改变当前研究直接套用西方理论和研究成果、过度依赖定量统计方法的现状。可以采取混合研究方法策略,先实施定性研究,以全面了解大学生对使用移动学习 App 进行学习的认知和使用情况,再实施三次大规模定量研究探索大学生采纳和持续使用移动学习系统的影响机制。

(二)辨识持续使用移动学习系统的影响因素

除了通过创新的研究方法明确影响大学生采纳移动学习系统的因素之外,本研究另一个研究目标是探索影响持续使用的因素。如前面所介绍的,教育学术界对持续使用移动学习系统的研究至今较为欠缺,无法为本课题提供一定借鉴。

（三）保证后两次定量研究的样本源一致

虽然以在校大学生为研究对象，研究样本较为易得，但如前所述，整个研究前后涉及三次大规模采样，尤其是要保证后两次研究样本必须来自第一次定量研究所选择的样本，并去除其中部分个体，既要求保质，也要求达到一定数量。这样的研究设计在实际操作中具有较高难度。

【参考文献】

［1］KUKULSKA-HULME, A. Mobile Usability in Educational Contexts：What Have We Learnt? ［J］. The International Review of Research in Open and Distance Learning,2007,8(2)：1-16.

［2］HUANG J, LIN Y, CHUANG S. Elucidating User Behavior of Mobile Learning：A Perspective of the Extended Technology Acceptance Model［J］. The Electronic Library,2007,25(5)：586-599.

［3］ALHINAI Y, KURNIA S, JOHNSTON R. Adoption of Mobile Commerce Services by Individuals：A Meta-analysis of the Literature［EB/OL］.［2020-12-15］. https：//www. researchgate. net/publication/4264011_Adoption_of_Mobile_Commerce_Services_by_Individuals_A_Meta-Analysis_of_the? _sg=AvhHFGQgwauv1z-Lf9XtVs_9m0zhao-Jg4B1O6kq3AuYXtpPo8usNPMUwmIjqLdqAP0MyvULZuhA8SHnslmLWjSKnwaENw.

［4］LIU Y, LI H, CARLSSON C. Factors Driving the Adoption of M-learning：An Empirical Study［J］. Computers & Education，2010,55(3)：1211-1219.

［5］马加宇. 影响移动学习用户使用态度的前置性和潜在性因素解析——基于拓展式科技接受模型的视点［J］. 中国远程教育,2009(8)：70-74.

［6］刘鲁川,孙凯. M-Learning 用户接受机理——基于 TAM 的实证研究［J］. 电化教育研究,2011(7)：54-60.

［7］顾小清,付世容. 移动学习的用户接受度实证研究［J］. 电化教育研究,2011(6)：48-55.

[8]刘根萍,吴凤秀.温州在校大学生接受移动学习的影响因素分析——基于扩展技术接受模型的实证研究[J].现代教育技术,2011(6):109-114.

高校与技术创新

侯　旻　郭俊荣　朱建辉

摘　要:技术创新是企业长远发展的动力,但是部分企业由于缺少人才、设备条件,限制了其发展。高校拥有丰富的人才、设备及技术成果,但是其技术创新成果转化的方式十分有限。因此,企业与高校合作具有重要的意义,可以弥补双方的短板,促进科技成果的高效转化。为此,本文在分析目前高校技术创新优势、创新成果转化方式的基础上,提出了几项措施,以促进高校技术成果的转化。同时,企业也可以通过这些方式,与高校建立合作,从而获得技术创新所必需的技术与人才。

关键词:技术创新;校企合作;成果转化

随着社会经济的不断进步,企业要长期稳定、持续地发展,就要有活力,有创新的活力。虽然企业已认识到技术创新的重要性,但苦于自身能力有限,而无法实施。这时企业就需要寻找合作伙伴,高校无疑是首要的选择。

一、高校在技术创新活动中的优势

(一)高校聚集了丰富的高技术、高学历、高智商的"三高"人才

由于我国过去的体制形成了特殊的人才流向,即科技力量多集中在科研院所和大学,而企业中的科技力量仅占10%。但在美国和日本,企业中的技术开发人员占61%和64%。这个差距是极大的。我国高校中科技活

动人员 60 万人,占全国技术开发人员的 12.3%,其中,全职 R&D 人员 16.8 万,约占全国的 23%。另外还有在校研究生 22.6 万,其中博士研究生 4.8 万,占全国的 88.2%,硕士研究生 17.8 万,占全国的 95.3%(韦钰,2000)。

(二)高校集中了先进的仪器设备和重要的实验基地

国家长期的政策性投入,使高校在社会急需发展的一些高科技领域取得了大量的高科技成果,获得了大量较高水平的研究开发设备及实验装置,形成了一批国家级科研开发基地和技术推广中心,储备了大量具有产业化前景的技术和项目。高校承担国家自然科学基金的 60%;拥有 100 个国家重点实验室,占全国总数的 2/3;拥有 23 个国家工程研究中心和 13 个国家工程技术研究中心(韦钰,2000)。

(三)高校积淀了大量的技术创新成果

据统计,1996 年获国家发明奖的 111 项科研成果中,高校有 41 项;国家科技进步奖 536 项中,高校有 134 项。高校科研成果获奖比例分别为 37% 和 25%。全国高校每年通过鉴定的科研成果高达几千项。高校的种种独特优势,横跨了国家科技创新体系的四大系统(知识创新系统、技术创新系统、知识传播系统和知识运用系统)。高校就像是一个巨大的尚未充分开发的"金山",其重要性在于如何去寻找切入点,发挥高校的巨大潜力与优势。

二、目前高校成果转化的方式

(一)高校独立办企业

这种方式虽占的比例不是很大,但成功的案例较多,如清华同方、北大方正、清华紫光、交大昂立、东大阿尔派、北大资源、天大天财、华中数控等。这种方式正以较快的速度扩展。这些公司带动了区域经济发展,解决了经济发展中的许多重大问题。如天津大学开发的"高效填料塔技术",应用到全国 1000 多个大中型企业,创造经济效益 5 亿多元。北京大学的电子出版技术,不仅取得了多项高水平研究成果,获得多项高等级奖励,而且研制出一系列高性能产品,创造了很大效益,对印刷出版业产生了革命性影响,为我国高技术研究和产业化创造了一个成功典范。1998 年,北京大学方正集团公司的产值超过 70 亿元,已跻身我国大型企业行列。清华大学的大型集装箱检测技术及设备,为海关打击走私提供了强有力的武器。东大阿尔派在嵌入式软件方面,研制开发了汽车导航、数字化医疗产品等,特别是研制开发出国产第一台全身医用 CT 扫描机并推向市场,使我国成为世界上少数能够生产 CT 的国家。

(二)高校与其他企业联合

这种方式的适用面很广,是目前最为普遍的方式。通过联合,双方取长补短,不仅节约了物力与财力,而且大大缩短研发时间,增强企业竞争实力,充实了学校的实践经验。也有企业与高校联合建立研究中心和技术中心,如 IBM 公司在我国 23 所高校建立技术中心,SUN 公司在 5 所高校建立实验室或技术中心,贝尔在 2 所高校建立实验室,等等,为公司的技术储备与发展奠定了基础。

(三)高校中的"三高"人才以个人身份走进企业

这种方式目前不是很普遍,但也有逐步扩大的趋势。因为这种方式灵活,受到的约束小,完全是个人与企业之间的自主性行为,不需要承担来自其他方面的压力。

三、促进高校技术创新成果转化的措施

(一)鼓励高校与企业建立合作关系,提倡高校科研项目面向生产实际

高校与企业建立合作关系,学校科研选题面向生产实际,能有效而又有针对性地去研究解决企业生产中急需解决的重大科技问题,同时能把"基础研究—工艺、产品开发—推广应用"形成一条龙,缩短科研成果变为产品的时间,使新的科技成果尽快地转化为畅销产品,促进国家经济的发展。因此,必须大力加强高校与企业之间的联系。我们可借鉴英国鼓励高校与企业合作的措施。1986 年 10 月,英国首相撒切尔夫人宣布了一项投资 4.2 亿英镑资助校企合作的计划,规定:凡是高校科研机构所选的并得到企业界资助的研究项目,政府将拨给该项目同样数量的科研经费。这一措施自然有力地促使高校去寻找面向企业生产实际的科研课题。此外,为了增进校企

合作,英国科学与工程研究委员会设立大学研究院学生奖学金,专门用于奖励在科学与工程领域内的校企合作,每年奖励 720 项。这些学生的研究计划来自企业生产单位,由大学和企业协商决定。在研究期间,学生要在企业中工作一段时间,研究成果要应用到生产实践中去。政府采取的积极措施必然会激励高校与企业扩大合作。

(二)鼓励高校教师、科研人员向全世界流动,鼓励教师到工厂企业兼职

高校教师和科研人员流动到生产企业界,对学校科研成果的转化有直接的影响。如果高校的教师、科研人员深入基层生产单位,接触生产实际问题,那么高校的科研成果就能广泛地被应用于企业的生产过程中。目前学校由于担心教师过多走进企业,会影响正常的教学工作,所以不采取积极态度。学校在评价教师的成果时,只是看出版了多少本书、发表了多少篇文章,而忽略了这些文章中隐含的商业价值及教师本人对社会的贡献大小的评价。尤其是从事与市场密切相关的学科评价,如会计、管理、金融、证券、软件开发等等,这类学科不能闭门造车地去想,而需要走向市场、走进企业。如果失去了实践,失去了与企业的联系,那么这类学科的存在与研究都将失去本身的意义。所以在这方面需要政府与学校双方面的共同努力。国外大多数知名学校明确规定,教研室主任和系主任等专业负责人必须同时兼任有关企业的技术经理或实验室主任等职,以便于双方的人才流动。剑桥大学则明确规定,该校的毕业生只有到社会其他部门工作几年,才有条件被选回学校从事教学工作。英国皇家学会和科教部研究委员会共同设立了"工业研究基金",通过资助形式鼓励高校教师和企业的科技人员到对方单位去从事半年至两年的研究工作,期满后回原单位。据有关资料,在英国有75%以上的大学工程学部教员和90%以上的市、郡立工业大学工程学科教员至少在企业工作一年以上。半数以上的大学工学部教授和研究人员的薪金是从企业领取的。此外,还有2000名以上大学研究院的博士生在与企业合作的前提下领取由企业拨给的奖学金。

(三)设立向企业界推销高校科研成果和发明的专门机构

随着"产学研一体化"的发展,高校逐渐注重科研成果的转化,这在一定程度上促进了高校与企业的联系,但这是一种偶尔性的行为,并不能满足企业的实时需求,有时甚至造成资源上的浪费。要使高校与企业建立一种固定的联系,可以建立"科技开发应用中心",这个中心的任务就是分析市场状况,确立研究课题,促进科技开发,加速成果转化,解决科技成果的市场问题,向前来了解大学情况的公司企业介绍大学的研究与开发情况,同时承担科研成果的销售工作。也可以成立相应的"咨询公司",将教师的发明卖给愿意成批生产的企业。

(四)建立科技情况交流网,密切科技成果创造者与使用者的联系

1987年,英国建成了"全国科技专用数据库",该数据库容纳了大学、工学院、政府各部研究机构、四个自然科学研究委员会(科学与工程、农业与食品、医学、自然环境)及部分工业研究协会等单位13000名科技人员的简历、成果、正在研究的课题及潜在应用范围等大量信息。该数据库的建立,有效地改变过去高校科研力量强而成果转化差的状况,成为教师和科研人员推销科技成果的场所。

(五)创建科学园区,使高校科研成果直接进入生产领域

科学园区是一种高技术应用区,是知识密集型的科研—生产联合体,它的特点就是高校与企业共同参与开发高技术工业。高校可以利用各种方式把最新成果、最新技术直接应用到生产实践中去,企业则可以优先得到高校的新技术、新成果开发新产品。在科学园区里,高校教师、研究人员可以直接深入厂区,进行新工艺探索、新产品试制,为生产发展服务。目前建立科学园区正在我国迅速开展,从1983年起以建立的华中理工大学为核心的东湖科技园、东南大学的南京浦口科技园、东北大学科技园,到1991年建立的哈尔滨工业大学科技园、北京大学科技园、清华大学科技园、上海交通大学科技园,至今我国已建立34个大学科技园和28个留学生创业园。

(六)高校与企业联合培养研究生,并将在人才培养过程中产生的科研成果应用于生产

开展科学研究,是研究生学习上的一个重要内容,他们学习期间一般都会出科研成果。研究生在大学教师的指导下,对工厂企业提出的生产实际问题进行研究,研究成果要应用到生产中去,工厂企业则要为研究生的研究

提供工作条件(如实验设备、实验室等)和资助。这种由高校与工厂企业联合培养研究生的计划称为"学校与企业合作计划"。因为它不仅能使大学的研究成果直接应用到生产中去,使工厂企业在大学的帮助下能很快地运用先进技术,而且能使大学为工厂企业培养出一批高质量的应用型专门人才,所以受到企业的普遍欢迎。

【参考文献】

[1]韦钰.面向21世纪的中国大学科技园[M]//王安德,张景安.论创新与企业孵化.上海:复旦大学出版社,2000:265-266.

通识课选课动机与学习成效相关性研究[①]
——基于调节定向理论的分析

顾春梅　侯　旻

摘　要:近年来,国内各高校不断完善课程体系,除了基础课、专业课外,还增加了通识课程,希望为学生提供通行于现代多元化社会的知识和价值观。如何完善通识教育,提升学生的学习成效,成为高校关注的重要问题。本文基于调节定向理论,从学生的选课动机出发,揭示影响学生通识课学习成效的相关因素。研究小组通过对浙江 S 大学 17 门通识课程的 1300 多名学生进行实证研究,通过数据分析和思考,为高校通识课程的教学提供有益的指导。

关键词:通识课程;选课动机;学习成效;调节定向理论

一、研究背景

通识课程是大学为发展大学生健全人格、心智而开设的课程,力图使学生拥有更合理的知识结构、能力结构和更健全的人格、审美情趣,是提升人文素养和科学精神的重要课程(赵越,2018)。不同于专业基础课程和学位教育课程,通识课程是高校为了改变学生单一的知识结构,实现"均衡教育",培养全方面、综合型人才的重要途径。学者陆一、徐渊(2016)认为,中

① 本文系浙江工商大学 2018 年度校高等教育研究课题"通识课选课动机与学习成效相关性研究:基于调节定向理论的分析"(Xgy18039)的研究成果。

国的通识教育是"在以理性和科学为基石的现代社会，人类不可避免地走向专业分化，有一种现代教育是每一种文明进行社会整合、塑造文化认同、推动文明演进的文教手段，也是每一个具有专业职分的个人获得其应有修养的途径"。通识课程的内容具有涉及范围广、非专业性、适应性强、整合性好等特点，除了提供给学生文学、历史、科学、艺术等基本知识以外，还致力于对学生思维、沟通、判断等能力的培养，成为大学教育体系中不可或缺的重要一环。

国内外学者对通识教育已有充分的研究，可以归纳为以下几个方面：一是单一课程体系的设计和教学过程的探讨；二是通识教育现状调查研究，例如，施佳欢（2012）曾对南京大学本科生学习经历进行调查，发现 73.2% 的学生对通识教育课程质量比较认可，但是其中感到满意和非常满意的学生比例较低，约为 29.9%；三是从教学效果和改进对策角度探讨通识教育，以及教师应该如何改进教学方式，提高教育成效等（郑伦楚等，2017）；四是通过国内外通识教育的比较分析，指出国内通识教育与国外存在的差距（吴坚，2015）。然而，缺乏从学生角度出发进行通识教育的研究。此外，对于学习成效的衡量，现有研究多集中在学习结果上，较少对学生参与学习活动过程的成效加以探究。

Crowe E 和 Higgins E T（1997）提出的调节定向理论认为个体具有不同的认知和行为倾向，即调节定向，不同调节定向类型个体具有不同的心理特征和行为表现，调节定向理论能够较好地预测个体的行为。本文基于调节定向理论，从学生选择通识课程的选课动机出发，通过对浙江 S 大学的 6 大模块 17 门通识课程的 1300 多名选课学生进行实证研究，将访谈法、问卷调查、观察法等研究方法相结合，揭示影响学生选择通识课程的动机，并对其与学习成效的相关关系进行研究，通过比较系统的数据分析和深入思考，指导和激励学生进行通识课程的学习，为大学通识课程的教学实践提供指导。

二、文献综述

(一)调节定向理论

调节定向理论认为个体为实现目标会努力改变或控制自己的思想和反

应,对自我进行调节。自我调节的过程所表现出来的特定的方式或者倾向就是调节定向。调节定向分为促进定向和预防定向两种。两种调节定向在目标实现过程中表现出来的特征完全不同:促进定向关注发展、成长和成就感,对积极成果敏感;预防定向关注安全、保障和责任,对消极结果敏感。促进定向的个体追求成功的动机更强,而预防定向的个体避免失败的动机更强(耿晓伟,2017)。

(二)学习动机及其影响因素

学习动机是指引起学生学习活动、维持学习活动,并使得学习活动趋向于教师所设定目标的心理过程。近年来,动机理论不断地被学者用于教育心理学领域,探究学生的学习动机,解释学生产生学习兴趣的原因,推动学生的学习进程。对于学生而言,学习动机对其学习方向、学习进度、学习效果影响较大。

影响学生学习动机的因素可以被归纳为学生个人因素、外部环境因素、认知因素三类。学生个人因素主要是学生个人特质变量,包括学生的个人品质、性格、智力水平等个人特点,对形成学习动机均存在一定的影响。外部环境因素主要分为家庭、教师、学生和社会四个方面(黄永琳,2018)。其中教师对学生的引导,主要体现在教学形式、教学内容等变量上。研究表明,生动有趣的教学内容、创新多变的教学形式,能够有效激发学生的学习动机。认知因素主要强调的是学生对教育目的的认知、对学习过程的了解、对学习方法的掌握等交互变量,由客观因素和主观因素共同作用形成,体现在学生的思维过程、观念发展、期望和意图,以及对周围环境的理解和认知等。

(三)学习成效及其评价

教学实践中,常常需要对学生的学习成效进行评估。学习成效评价是指依据学生学习的目标,对学生整个学习过程、学习效果做出价值判断的过程。

学者们对学习成效的研究经历了一个不断深化的过程。早期学者对学习成效的认识局限于即时完成任务的行为。例如,Fisher C. W.(1981)将学习成效定义为学生关注并完成一定学习任务的学习行为和表现。国内很多学者借鉴了这一观点,以学习成绩和总体满意度为指标,对学生的学习成效加以衡量。上述观点将学习成效视为学生进行学习活动的结果,而忽略了学生参与的过程。后有学者把学习成效定义为学生参与到常规的学习活动中的意愿,例如参与课堂、上交作业、在课堂中听老师的指示等,代表学者有 Natriello G(1984)等。另外一种看法则是 Skinner E. A. 和 Belmont M. J. (1993)等提出来的体验论,他们认为学习成效是学生在学习活动中表现出来的持续性参与行为,包含在此参与过程中产生的热情、兴趣、好奇、乐观等积极情感体验,强调了学习过程的情感参与。我国学者孔企平(2000)综合行为论、参与论和体验论,提出学习成效的衡量应该包含行为参与、认知参与和情感参与三个方面,并进行了实证验证。

衡量学习成效具体的方式有通过学生自己反馈信息衡量,也有学者通过教师观察等方式加以衡量。研究小组借鉴孔企平对学习成效的划分,将行为方面的学习成效视为学习参与度,将认知方面的学习成效视为学习投入度,将情感方面的学习成效视为学习满意度,通过学生回答问卷、自我反馈的方式,对学习成效进行衡量。

三、研究设计

(一)选课动机对学习成效的影响

研究小组将学生通识课程的选课动机分为成就型动机和趋避型动机两类。成就型选课动机倾向于促进定向,更关注于发展、成长和成就感,学生在选择通识课的过程中更多是为了自身发展,增强自身的能力和获得周围老师同学的认可。趋避型选课动机倾向于预防定向,更关注于安全和责任,受这一动机驱使的学生则更多地认为这门课难度不大,比较自由,容易通过,不需要花费太多的时间精力。

在受不同的通识课选课动机驱使的情况下,学生的学习成效存在差异。受成就型动机驱使的学生在通识课学习过程中,倾向于花费更多的时间精力,参与程度更高。行为参与方面,学生的到课率会比较高,课前课后也愿意完成相关课业任务;认知参与方面,学生会更多地参与到课堂互动中,针对相关知识提出自己的见解或疑惑,在认知层面更多地参与到该门通识课中;情感参与方面,受成就型动机驱使的学生在课程中会获得更多的情感回报、更大的满足感和更高程度的满意度。由此,研究设定,成就型动机对学生的学习参与度、投入度和满意度均存在正向影响。

受趋避型动机驱使的学生则更多地关注安全性,倾向于选择更容易合格、占用时间精力少的课程。因此,学生在行为参与、认知参与和情感参与方面均不会太高。在不存在惩罚措施时,学生会逃课,迟到早退,课堂上玩手机,做和课堂无关的事情,不思考授课教师提出的问题,课后消极地对待作业,考试更多的是考前突击,对这门课程也不太满意,提不起兴趣。由此,研究推论,趋避型动机对学生的学习参与度、投入度和满意度均存在负向影响。

综上所述,本研究提出如下假设。

H1:不同的通识课选课动机对学生的学习成效存在影响。

H1a:成就型动机对学习参与度存在正向影响。

H1b:成就型动机对学习投入度存在正向影响。

H1c:成就型动机对学习满意度存在正向影响。

H1d:趋避型动机对学习参与度存在负向影响。

H1e:趋避型动机对学习投入度存在负向影响。

H1f:趋避型动机对学习满意度存在负向影响。

(二)特质性因素的调节作用

依据彭琼、王警可(2013)等学者对学习成效受到学生个人特征因素影响的归纳,特质性因素包含年龄、性别、智力水平、意志品质等方面。学生年龄越大,不断成长,会更倾向于主动扩充自己的知识面,增强自己的能力。而男女的智力结构、学习能力等方面不同,因此学习成效也存在差异。意志品质是指构成人意志的诸因素的总和。意志品质主要包括自觉性、果断性、自制性和坚持性四个方面:自觉性是指是否对学习目的有明确的认识;果断性是指是否能够迅速而合理地采取学习决定和执行学习决定;自制性是指能否善于控制和支配自己的学习行动;坚持性是指能否百折不挠地克服困难和障碍,完成既定的学习目的。学生的意志品质存在个体差异,学习成效也存在差异。

本研究以学生的个人特质性因素为调节变量,探究不同特质的学生在不同的选课动机驱使下,学习成效有何差异。综上所述,提出如下假设。

H2:特质性因素能显著调节选课动机和学习成效之间的关系。

H2a:特质性因素能显著调节成就型动机和学习参与度之间的关系。

H2b:特质性因素能显著调节成就型动机和学习投入度之间的关系。

H2c:特质性因素能显著调节成就型动机和学习满意度之间的关系。

H2d:特质性因素能显著调节趋避型动机和学习参与度之间的关系。

H2e:特质性因素能显著调节趋避型动机和学习投入度之间的关系。

H2f:特质性因素能显著调节趋避型动机和学习满意度之间的关系。

(三)情境性因素的调节作用

斯坦福监狱实验的研究结果表明,任何一个人在坏的环境中是很容易变坏的,环境对个体具有巨大的影响力。学生的学习成效是各种环境因素作用的产物,环境因素对学习成效存在显著的影响。本文将外部环境因素视为情境性因素,探究其在学生通识课的选课动机与学习成效两者的关系中发挥的作用。

情境性因素主要包含家庭、教师和社会三个维度。家庭方面的因素主要是指家长对孩子的教育方式、学习习惯的培养、学习动机的激发等。父母的言传身教,对子女学习方面的观念塑造和习惯养成的作用是最具有奠基性的。而在通识课的学习过程中,教师的授课方式、课堂内容的组织、课程体系的设计等,无疑对学生的学习成效存在影响。多项研究结果表明,授课教师应该提高其课堂内容的生动性,激发学生在课堂上的参与度,提高学生的满意度。此外,随着人才竞争压力的加剧,社会大环境对当今大学生的学习成效也存在显著影响,学生为了满足社会需求,倾向于选择更符合企业要求的课程,完善自身的知识结构,提高自身的整体实力,会投入更多的时间精力,学习的参与度、投入度和满意度也会因此受到影响。

本研究以情境性因素为调节变量,探究不同的外部情境下,学生受到不同的选课动机的驱使,学习成效有何差异。综上所述,提出如下假设。

H3:情境性因素能显著调节选课动机和学习成效之间的关系。

H3a:情境性因素能显著调节成就型动机和学习参与度之间的关系。

H3b:情境性因素能显著调节成就型动机和学习投入度之间的关系。

H3c:情境性因素能显著调节成就型动机和学习满意度之间的关系。

H3d:情境性因素能显著调节趋避型动机和学习参与度之间的关系。

H3e:情境性因素能显著调节趋避型动机和学习投入度之间的关系。

H3f:情境性因素能显著调节趋避型动机和学习满意度之间的关系。

本文的研究框架如图 1 所示。

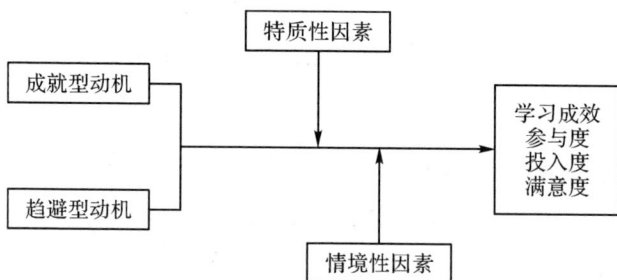

图 1 本文研究框架

四、数据分析

(一)问卷设计

本研究的调查问卷分为基本资料和量表两个部分。基本资料包含性别、年级、专业、生源地、通识课性质;量表包含了成就型动机量表、趋避型动机量表、特质性因素量表、情境性因素量表和学习成效量表五个部分。

(二)样本描述

本次调研在浙江 S 大学(以下简称 S 大学)进行抽样。S 大学是一所商科特色明显的普通高校,该校为落实"专业成才,精神成人"的教育目标,丰富学校通识教育课程体系,提高学生人文和科学素养,提升创新创业能力,近年来共开设了 6 大模块近 200 门通识课程。学生在选课前,可进入课程页面对课程进行基本了解,并在教务系统选修相应课程。通识课程的学分为 1 分或 2 分,学生需要修满一定的学分,方能完成学业。

2017 年 5 月—2019 年 5 月,研究小组对各模块、各学科领域、不同学分的课程进行筛选,选择最具代表性的 17 门通识课程进行了问卷调查(见表 1)。

表 1　各大模块通识课程样本分布

模块	课程	开课学院	学分
文学·历史·哲学	中国古典诗词鉴赏	人文与传播学院	1.0
	《周易》与中国文化	财务与会计学院	1.0
	美国史概论	马克思主义学院	1.0
艺术·宗教·文化	石头的鉴赏与收藏	法学院	1.0
	奢侈品文化	工商管理学院	1.0
	趣谈希腊神话	外国语学院	1.0
经济·管理·法律	家庭投资与理财	财务与会计学院	1.0
	广告学概论	工商管理学院	1.0
	文化创意与法律	法学院	2.0
写作·认知·表达	人际沟通艺术	工商管理学院	2.0
	幸福心理学	财务与会计学院	1.0
	英语演讲与辩论(上)	外国语学院	1.0
自然·工程·技术	数学建模	统计与数学学院	2.0
	食品营养与食品安全	食品与生物工程学院	2.0
	物理学与人类文明	信息与电子工程学院	2.0
创新·创意·创业	大数据与智慧生活	计算机与信息工程学院	1.0
	互联网思维	计算机与信息工程学院	1.0

本次研究共发放调查问卷 1700 份,其中回收问卷 1350 份,有效问卷 1348 份,有效回收率为 79.29%。具体样本描述性信息见表 2。

表2 调查样本信息描述性统计

调查项目		样本数量(个)	样本占比(%)
性别	男	442	32.8
	女	906	67.2
年级	一年级	986	73.1
	二年级	346	25.7
	三年级	16	1.2
专业	文科	314	23.3
	经管	484	35.9
	理工	428	31.8
	艺术	52	3.9
	其他	70	5.2
生源地	城市	357	26.5
	小城镇	477	35.4
	农村	514	38.1

(三)研究分析

为了验证选课动机和学习成效之间的因果关系,研究小组以选课动机为自变量、学习成效为因变量,采用线性回归分析的方法分析两者之间的回归关系。在进行回归验证之前,笔者对成就型动机和趋避型动机的多重共线性问题进行了检验,采用以容忍度、方差膨胀因子(VIF,容忍度的倒数)为共线性诊断指标的判断方法。一般来说,容忍度的值介于0和1之间,如果值太小,说明这个自变量与其他自变量间存在共线性问题;VIF值越大,则共线性问题越明显,一般以小于10为判断依据。

从表3的结果可以看出,容差和VIF值通过检验,说明成就型动机和趋避型动机在回归的三个模型中不存在多重共线性的问题。在验证学习动机和学习成效的关系中,我们发现,除了趋避型动机和满意度之间的p值,其余每个模型的p值都小于0.05,达到了显著性水平,选课动机对学习成效之间的因果关系成立。

表 3 选课动机对学习成效的回归分析

Model		非标准化回归系数		标准化回归系数	t	Sig.	共线性统计量	
		B	标准误差	Beta			容差	VIF
1（因变量：参与度）	（常量）	2.790	0.130		21.423	0.000		
	成就型动机	0.410	0.030	0.351	13.601	0.000	0.982	1.018
	趋避型动机	−0.048	0.020	−0.060	−2.341	0.019	0.982	1.018
2（因变量：投入度）	（常量）	1.386	0.103		13.441	0.000		
	成就型动机	0.670	0.024	0.608	28.040	0.000	0.982	1.018
	趋避型动机	−0.060	0.016	−0.080	−3.684	0.000	0.982	1.018
3（因变量：满意度）	（常量）	0.920	0.116		7.909	0.000		
	成就型动机	0.757	0.027	0.616	28.110	0.000	0.982	1.018
	趋避型动机	0.026	0.018	0.031	1.417	0.157	0.982	1.018

为了验证特质性因素和情境性因素在选课动机和学习成效之间的关系中是否起到调节作用，我们依据温忠麟、侯杰泰、张雷提出的调节效应检验方法，探讨了选课动机和特质性因素、情境性因素对学习成效的影响。

从表 4 可以看出，在验证特质性因素在选课动机和学习成效之间的关系中是否存在调节作用的过程中，我们发现，只有成就型动机和特质性因素的交互项的 p 值都小于 0.05，达到了显著性水平，即特质性因素显著调节了成就型动机和参与度之间的关系，假设 H2a 成立，其他假设均不成立。

从表 5 可以看出，在验证情境性因素在选课动机和学习成效之间的关系中是否存在调节作用的结果显示，成就型动机和趋避型动机与学习投入度之间的关系受到特质性因素的影响，假设 H3b 和 H3e 成立，其他假设均不成立。

表 4　选课动机和特质性因素对学习成效的作用

模型		非标准化系数		标准化系数	t	Sig.
		B	标准误	Beta		
参与度	常数	0.017	0.026		、0.651	0.515
	成就型动机	0.216	0.028	0.217	7.727	0.000
	特质性因素	0.293	0.028	0.293	10.477	0.000
	交互项	−0.040	0.018	−0.055	−2.205	0.028
	常数	0.001	0.025		0.046	0.963
	趋避型动机	−0.105	0.025	−0.105	−4.194	0.000
	特质性因素	0.394	0.025	0.396	15.867	0.000
	交互项	−0.001	0.020	−0.001	−0.058	0.954
投入度	常数	−0.006	0.022		−0.253	0.800
	成就型动机	0.512	0.024	0.512	21.422	0.000
	特质性因素	0.220	0.024	0.220	9.241	0.000
	交互项	0.008	0.015	0.011	0.506	0.613
	常数	−0.004	0.024		−0.152	0.879
	趋避型动机	−0.158	0.024	−0.158	−6.589	0.000
	特质性因素	0.462	0.024	0.463	19.393	0.000
	交互项	0.014	0.020	0.018	0.732	0.464
满意度	常数	0.005	0.023		0.235	0.814
	成就型动机	0.523	0.024	0.521	21.496	0.000
	特质性因素	0.189	0.024	0.188	7.764	0.000
	交互项	−0.008	0.016	−0.012	−0.544	0.586
	常数	−0.004	0.025		−0.159	0.874
	趋避型动机	−0.053	0.025	−0.053	−2.143	0.032
	特质性因素	0.435	0.025	0.436	17.706	0.000
	交互项	0.010	0.020	0.012	0.496	0.620

表 5　选课动机和情境性因素对学习成效的作用

模型		非标准化系数		标准化系数	t	Sig.
		B	标准误	Beta		
参与度	常数	−0.006	0.027		−0.226	0.821
	成就型动机	0.217	0.031	0.217	6.893	0.000
	情境性因素	0.239	0.031	0.239	7.598	0.000
	交互项	0.011	0.018	0.015	0.614	0.539
	常数	0.001	0.025		0.036	0.971
	趋避型动机	−0.125	0.025	−0.125	−4.887	0.000
	情境性因素	0.372	0.025	0.371	14.693	0.000
	交互项	0.028	0.021	0.034	1.341	0.180
投入度	常数	−0.019	0.022		−0.859	0.390
	成就型动机	0.425	0.025	0.424	16.736	0.000
	情境性因素	0.333	0.025	0.332	13.126	0.000
	交互项	0.032	0.014	0.046	2.258	0.024
	常数	−0.004	0.022		−0.178	0.859
	趋避型动机	−0.187	0.022	−0.186	−8.551	0.000
	情境性因素	0.593	0.022	0.592	27.390	0.000
	交互项	0.039	0.018	0.047	2.137	0.033
满意度	常数	0.012	0.021		0.570	0.568
	成就型动机	0.321	0.024	0.319	13.505	0.000
	情境性因素	0.486	0.024	0.485	20.526	0.000
	交互项	−0.017	0.013	−0.024	−1.256	0.209
	常数	−0.004	0.020		−0.185	0.853
	趋避型动机	−0.076	0.020	−0.076	−3.778	0.000
	情境性因素	0.683	0.020	0.683	34.201	0.000
	交互项	0.002	0.017	0.002	0.099	0.921

　　研究小组通过对S大学通识课程的实证调查分析,包括信度和效度分析、因子分析、回归分析等方法,对研究提出的假设进行了验证。最终检验结果如表6所示。

表6　假设验证结果汇总

序号	研究假设	验证结果
1	不同的通识课选课动机对学生的学习成效存在影响	假设成立
1a	成就型动机对学习参与度存在正向影响	假设成立
1b	成就型动机对学习投入度存在正向影响	假设成立
1c	成就型动机对学习满意度存在正向影响	假设成立
1d	趋避型动机对学习参与度存在负向影响	假设成立
1e	趋避型动机对学习投入度存在负向影响	假设成立
1f	趋避型动机对学习满意度存在负向影响	假设不成立
2	特质性因素能显著调节选课动机和学习成效之间的关系	假设成立
2a	特质性因素能显著调节成就型动机和学习参与度之间的关系	假设成立
2b	特质性因素能显著调节成就型动机和学习投入度之间的关系	假设不成立
2c	特质性因素能显著调节成就型动机和学习满意度之间的关系	假设不成立
2d	特质性因素能显著调节趋避型动机和学习参与度之间的关系	假设不成立
2e	特质性因素能显著调节趋避型动机和学习投入度之间的关系	假设不成立
2f	特质性因素能显著调节趋避型动机和学习满意度之间的关系	假设不成立
3	情境性因素能显著调节选课动机和学习成效之间的关系	假设成立
3a	情境性因素能显著调节成就型动机和学习参与度之间的关系	假设不成立
3b	情境性因素能显著调节成就型动机和学习投入度之间的关系	假设成立
3c	情境性因素能显著调节成就型动机和学习满意度之间的关系	假设不成立
3d	情境性因素能显著调节趋避型动机和学习参与度之间的关系	假设不成立
3e	情境性因素能显著调节趋避型动机和学习投入度之间的关系	假设成立
3f	情境性因素能显著调节趋避型动机和学习满意度之间的关系	假设不成立

五、结论与启示

(一)研究结论

本研究在文献研究的基础上提出学生通识课选课动机影响学习成效的假设,并设计问卷,通过对 S 大学 17 门通识课的实际调查,验证了成就型动机和趋避型动机对学习成效的影响作用,以及特质性因素和情境性因素的调节作用。通过实证研究得到如下结论:

(1)学生选择通识课程更倾向于成就型动机时,学习参与度、投入度和满意度更强,学习效果更好。基于成就型动机去选择通识课程时,学生更关注能够学到的知识,完善自身的知识体系,获得老师同学的认可,从而达到自己的学习目标,因此,他们在课程上会更为投入,准时参与课程,完成相关的学习任务,并获得较高的满足感、愉悦感,产生较大的兴趣。

(2)学生选择通识课程更倾向于趋避型动机时,学习参与度、投入度更差,学习效果不佳。受趋避型动机驱使进行通识课程选择时,学生更为关注课程管理的宽松、容易通过和不需要投入太多的时间精力,因此,他们在课堂上不认真,不会好好参与课堂、完成课业任务,参与度不高,也不会和老师同学互动,投入度较低。

(3)成就型动机与学习参与度之间的正向影响关系受到了特质性因素的影响。自觉性更佳、自控力更好、毅力更久、个人能力更强的学生受成就型动机驱使选择通识课程时,学习参与度不高,两者呈现负向影响关系。究其原因,和通识课程不能够完全满足这一类学生的需求有关。可见,通识课程体系的设计、课程内容的完善、教学质量的改进仍然存在一定空间。

(4)成就型动机和趋避型动机与学习投入度的关系受到了情境性因素的影响。基于成就型动机和趋避型动机选择通识课程时,受到社会环境、周围环境和课程内容等情境性因素的影响,学生的学习投入度更高。在受到情境因素影响时,通识课程内容如果更为有趣,则更受到学生喜欢。授课教师水平更高,以及在周围环境和社会环境的共同作用下,受到成就型动机和趋避型动机驱使选择通识课程时,学生更会在认知层面上投入课堂,在学习通识课程的过程中,提出自己的看法,积极参与讨论,和老师同学互动,课后对相关内容多加思考。

(二)学校完善通识课教学的措施

学校在组织通识课程选课工作时,应该激发学生的成就型动机,而避免学生基于趋避型动机选择通识课程。受到成就型动机驱使时,学生的学习成效更佳;反之,受到趋避型动机驱使时,学生的学习成效欠佳。学校应该一方面多加宣传通识课程的内容,完善课程内容设计,将其所包含的知识和学习到的内容告知给学生,鼓励学生达到自己期望的学习目标,学有所成,学有所获。另一方面,应该统一通识课程的纪律和考核标准,避免出现不同课程要求不同、通过率难度不同的情况,降低学生选择通识课程的趋避型动机。

对意识品质较强、学习能力较高的学生,目前的通识教育内容还没有满足他们的需求,这一类学生的学习参与度不高。因此,学校需要完善课程体系设计,充实课程内容,提高授课教师的教学水平,满足学生选择课程时的成就型动机,实现学习目标,从而提高学生的学习成效。

学校应该重视情境性因素对学生选课的影响。通识课程学生分布全校,和其他课程相比,学生之间互相不熟悉,任课教师可以多增加些班级同学的互动,增强同学之间的亲密度,降低周围同学的不熟悉性带来的影响。此外,除了课程内容的改进外,教师还应注重课程内容的实用性,将教学与实践相结合,增加一些学生应掌握的社会方面的知识,增强学生的参与度、投入度和满意度。

【参考文献】

[1]赵越,冯振业,朱莲花.大学通识课课堂沉默原因及对策研究[J].教育现代化,2018,5(33):108-109.

[2]陆一,徐渊.制名以指实:"通识教育"概念的本语境辨析[J].清华大学教育研究,2016,37(3):30-39.

[3]施佳欢.研究型大学本科生学习成效评估研究[D].南京:南京大学,2012.

[4]郑伦楚,王金华,郑旭东.大学生选课动机的调查研究与改进策略建议——以华中师范大学为例[J].中国大学教学,2017(3):80-90.

[5]吴坚.中美研究型大学通识教育实施机制的比较分析[J].华南师范大学学报(社会科学版),2015(2):41-47.

[6]CROWE E,HIGGINS E T. Regulatory Focus and Strategic Inclinations:Promotion and Prevention in Decision-making [J]. Organizational Behavior and Human Decision Processes,1997,69(2):117-132.

[7]耿晓伟,姜宏艺.调节定向和调节匹配对情感预测中影响偏差的影响[J].心理科学,2017,49(12):1537-1547.

[8]黄永琳,影响高校人文通识课到课四因素探究——以华南理工大学人文通识课教学为例[J].知识经济,2018(3):160-161.

[9]FISHER C W. Teaching Behaviors,Academic Learning Time,and Student Achievement:An Overview[J].Journal of Classroom Interaction,1981,17(1):2-15.

[10]NATRIELLO G. Teachers' Perceptions of the Frequency of Evaluation and Assessments of Their Effort and Effectiveness.[J].American Educational Research Journal,1984,21(3):579-595.

[11]SKINNER E A,BELMONT M J. Motivation in the Classroom:Reciprocal Effects of Teacher Behavior and Student Engagement across the School Year.[J].Journal of Educational Psychology,1993,85(4):571-581.

[12]孔企平."学生投入"的概念内涵与结构[J].全球教育展望,2000(2):72-76.

[13]彭琼,王警可.学习动机理论综述[J].社会心理科学,2013(5):15-17.